16.12.2008

Lieber Theo!

Zu deinem 50. Geburtstag gratuliere ich dir recht herzlich. Für deine persönliche und berufliche Zukunft wünsche ich dir alles Gute und viel Erfolg. Die Gemeinde Koblach möge nicht nur Wohnort, sondern Heimat für dich und deine Familie sein!

Fritz Mairhofer, Bgm.

VORARLbERG

Fotografie | Photography
Dietmar Wanko

Texte und Interviews | Essays and interviews
Martin G. Wanko

„Dieser Bildband ist allen Vorarlbergern und Vorarlbergerinnen herzlichst gewidmet."

This illustrated book is affectionately dedicated to all the inhabitants of Vorarlberg

Inhalt | Contents

Liebe Vorarlberg | Vorarlberg, my dear 6
Herbert Sausgruber | Interview 12
Talschaften | Valleys 18
Tone Fink | Interview 94
Wasser | Water 100
Marlis Nagele | Interview 114
Berge und Steine | Mountains and Stones 118
Anita Wachter | Interview 134
Schnee | Snow 138
Margit Schmid | Interview 174
Bäume und Blumen | Trees and Flowers 178
Andrea Rupp | Interview 192
Tiere | Animals 198
Tschako | Interview 204
Städte | Towns 208
Rick Nasheim | Interview 252
Sport | Sports 256
Kurt Sternik | Interview 266
Menschen | People 272
Hermann Kaufmann | Interview 282
Architektur | Architecture 288
Hans-Peter Metzler | Interview 302
Wirtschaft | Business 308
Die Bilder meines Vaters | My father's pictures 320
Danke | Impressum 324

Liebe Vorarlberg!

von Martin G. Wanko

Dass ich dich duze, dass wir uns duzen, das war schon immer so. Wir haben uns eben von Haus aus in einem Nahverhältnis kennen gelernt. Keine berauschende Nacht, wo ich zufällig, plötzlich, unverhofft vor dir, neben dir, auf dir, mit dir aufwachte, nein, nein, das war es nicht. Es war ein nüchterner, kalter, vernebelter Tag. So einer wie viele, an die wir uns nicht mehr erinnern können. Ich fühlte mich nicht anders als du, keine Sorge. Meine Emotionen waren irgendwie unter Null. Wahrscheinlich hat es mit der Ernsthaftigkeit des Moments zu tun: wir wussten, was auf uns zukam, wir werden langfristig miteinander zu tun haben. Ein erzwungenes Verhältnis, könnte man meinen. War auch so. Mein Vater zog nach Vorarlberg.

Schon beim Tier tut's mir leid! Warum heißt es nicht der Tier oder die Tier? Beim Kind dasselbe Dilemma in grün. Das Kind, was soll das? Die Versachlichung der Kinder und Tiere hat einen unterjochenden Beigeschmack, als ob sie dem Menschen, dem Mann, der Frau untertan wären. Das mag ja noch einleuchten, wirst mir sicher Recht geben, aber bei Städten, und Ländern, da erreichen wir einen neuen Grad an Schwierigkeit. Orte sind für mich organische Wesen, Organismen die aus allem Leben bestehen, wie ein Mensch eben auch. Ansonsten wäre es nicht möglich, dass es eine magische Chemie zwischen Menschen und Orten gibt. Stimmt die Chemie, bleibt man gerne, verheerend, wenn es nicht so ist: Schon vor dem Landeanflug sehnen wir uns wieder in den Flieger zurück.

Alles was lebt ist auch geschlechtlich. London, gleich wie Wien, ist für mich ein männlicher Ort. Paris dafür ist eine Frau, Rom ebenso. Frag mich bitte nicht, wie ich dazu komme, es ist einfach so – und dir ja ganz recht. Bei Graz meinem Geburtsort, in dem ich auch die meiste Zeit verbringe, weiß ich es nicht so genau. Kannst du dir das vorstellen?! Dort, wo ich gerade lebe, fällt mir die Entscheidung schwer! Ich habe keine Ahnung, ob Graz Mann oder Frau ist. Ich glaube fast, dass ich es bei Graz mit einem Zwitterwesen zu tun habe, besser noch:

einer androgynen Existenz. Das soll keine Beleidigung sein, androgyne Wesen schaffen es mitunter zu Weltruhm. Und du bist für mich eine Frau, liebe Vorarlberg.

Eine starke Frau. Das Ding mit der starken Frau wird ja oft missverstanden. Du bist keine männliche Frau. Eine starke Frau bist du, weil du auch Schwächen hast. Alle starken Wesen haben ihre dunklen Seiten, was heißen soll, sie haben Charakter. Stark macht es dich, über sie Bescheid zu wissen und gleichzeitig mit ihnen umgehen zu können. Dasselbe gilt natürlich für den starken Mann. Der Stärkste weiß am besten über seine Schwächen Bescheid. Und du kannst mit mir umgehen, oft schon bewiesen. Wenn ich mich über dich ärgere, streckst du mich nicht mit einer nasskalten, aus deinem Nebel auftauchenden, fiesen Rechten nieder, das täten andere, sondern du bläst mir eine Brise Seeluft in mein Antlitz, ziehst dabei deine Augenbrauen ansatzweise hoch und lächelst mir zu. „Wird schon wieder. Wir sind alle nicht perfekt. Nun hab dich nicht so, klick dich wieder ein." Wenn ich dennoch nicht zu beruhigen bin, mahnst du mich. „Gekommen bist schon du zu mir, lieber Wanko, und nicht ich zu dir! Also streng dich an, sei freundlich, mach deine Augen auf. Schau mir ins Gesicht!" Werde ich dann trotzig, kannst du auch anders: „Du sollst nicht deine Fehler auf andere projizieren, und ihnen die Schuld für dein Versagen unterjubeln!". Puuh! Da hast du mir schon des öfteren den Kopf gewaschen und auf gut steirisch „de Wadln viere grichtet!".

Du beherbergst in dir standesgemäß interessante Personen. Freunde von mir, der Literat und Filmemacher Wolfgang Mörth, der Gastronom Christian Vögel, Tschako, und Gert Valentinelli aus dem Musikladen, der mich schon über 15 Jahre durch meinen teils sonderbaren Musikgeschmack begleitet. Das sind Fixsterne. Sie machen dich für mich erklärbar, erkennbar. Apropos erklären: Verzeih mir, aber so schön deine Berge, deine Täler auch sind, sie erklären sich doch durch die Bilder meines Vaters von selbst. Da wollte ich mich nicht einmischen, in unserem Interesse. Aber bleiben wir bei den Menschen, die in dir leben. Manche baten wir für diesen Bildband zum Gespräch. Die, finde ich, erklären dich in deiner Vielseitigkeit am besten. Wo der eine „Berg!" ruft, flüstert der andere „Seeeee …". Wo einer nach dem schwarzen, öligen Film der winterlichen Straßen lechzt, und sich am liebsten in ein kuscheliges Café zurückzieht, sucht ein anderer deiner Bewohner die klirrende Kälte und die verzauberte Welt im prächtigen Weiß. Meine Interviewpartner machen sich über dich und über sich, also wieder über dich Gedanken. Sie haben mir gegenüber einen Bonus. Sie sind immer, fast immer, zumindest sehr oft in dir. Ich streng mich ja auch an, du weißt das. Die Strecke Graz Bregenz könnte schon einen nach mir benannten Radar zieren. Aber das was zählt, sind die Bilder. Die des Geistes, was mich zum eigentlichen Wesen dieses Essays führt.

Letztens. Der Himmel über dir war erstarrt, sehr dunkel, überladen mit düsteren, wasserreichen Wolken, und die Temperatur war knapp unter dem Gefrierpunkt. Und dann ging es los. Zuerst einige verirrte Schneeflocken, im Handumdrehen waren es viele. Doch nie so viele, dass sie mir den Blick versperrten. „Bleib stehen, bleib stehen!", forderte ich Tochter C. auf. Sie schenkte mir einen fragenden Blick. „Was soll ich? Wie bitte?", schien sie mich gefragt zu haben. „Schau, schau einfach nur!" Sie schaute und ging weiter. Ich verweilte, und Tochter C. drehte sich nach mir um. „Augen auf!", versuchte ich ihr auf die Sprünge zu helfen. „Schau, dass du das was du jetzt siehst, einfach in deinen Kopf hineinbringst." Sie sollte lernen, Momente zu inhalieren, eine der wichtigsten unserer beschränkten Eigenschaften. In solchen Momenten mag sich was verdichten, was man schlussendlich Leben nennt. Ich habe gelebt, in diesem Moment. In diesem Moment warst du sehr dicht bei mir, meine liebe Vorarlberg. Was ist schon ein anderer Ort zur selben Zeit, fragte ich mich. Natürlich fragte ich mich das erst später, in diesem Moment waren wir so eng beisammen, dass es alle anderen Gedanken in mir auslöschte. Das war kein Sonnenuntergang am See, kein Alpenglühen, kein Moment, auf den man sich vorbereiten konnte. Die Wahrhaftigkeit dieses Moments hat mich vollkommen überrascht. Im Nu bist du über mich gekommen, und ich war dir vollkommen ausgeliefert. Alle anderen Gedanken ausgelöscht, das passiert nicht oft. Der See, die

Wasservögel, das diesige Licht, die Schneeflocken, deine Alleen, die grünlich schimmernden Laternen, der Blick auf's Molo, die orange blinkende Sturmwarnung, die vereisten frisch angeschneiten Wege, verstreut Menschen – und wir. Natürlich scheitert die Beschreibung, musst du wissen. Denn man kann Vieles beschreiben, nur eines nicht, die Energie, die sich zwischen uns aufgebaut hat, jetzt im Schreiben dieser Gedanken wieder spürbar wird, diese sonderbare Energie. Da warst du mehr als alles andere auf dieser Welt, da warst du ein Meer aus allem anderen dieser Welt.

Nun gut. Ich weiß nicht, wie oft mir Graz diese Ausrutscher noch erlaubt. Es ist ja auch eine stolze Stadt. Aber es kommt der Moment, da zeigt mir Graz die kalte Schulter, du wirst daran nicht ganz unschuldig sein, zumindest nicht so wie du soeben tust, meine Liebe. Dann wird Graz seine schützende Kraft jemand anderem verleihen. Vielleicht wartet er auch schon in den Startlöchern, wer weiß, oft geht das alles sehr schnell. In dem vorhin beschriebenen Moment waren wir beide sehr stark. Da war sehr viel Energie zwischen uns, du weißt schon was ich meine. Wir wussten, dass es nur für diesen Moment sein kann, ich musste wieder von dannen gehen, und du kannst mir auch nur den Teil von dir schenken, den ich in mir tragen kann. Und in Momenten wie diesen lasse ich ihn raus, über mich, über uns. Was für ein Gefühl! Nicht immer ist es drei viertel zwölf, manchmal schon viertel vor zwölf. Wir können halt nicht mehr ganz voneinander lassen, liebe Vorarlberg, und das ist doch schon sehr viel für den Anfang, macht Lust auf mehr.

Dein Martin

Martin G. Wanko, ist freischaffender Literat und lebt in Graz und Bregenz. Er begleitet Sie mit zwei Essays durch das Buch und verfasste die Interviews.

Vorarlberg, my dear
by Martin G. Wanko

The fact that I am using this familiar form of address, that we are on a first-name basis – that has always been the case. We got to know one another so intimately from the very start. Not that after an exciting night, I woke up by chance, all of a sudden, unexpectedly in front of you, next to you, on top of you, with you – no, no, it wasn't like that. It was a sober, cold, misty day. One of many that we cannot remember later. Don't worry – I did not feel any different than you. My emotions were somewhere below zero. It probably had to do with the seriousness of the moment: we knew what was coming, we knew we would have to deal with one another for a long time to come. A forced relationship, so to speak. Which it was. My father moved to Vorarlberg.

I must say I feel sorry for the poor animal(s). Why don't we use the masculine article [German der], or the feminine article [German die]. The same dilemma with "the child". The [German das - neuter] child – what's that supposed to mean? Turning children and animals into objects leaves a taste of oppression as if they were subservient to the human being, to the man or the woman. That may seem clear to me – I am sure you'll agree – but when we refer to cities or countries we reach a new degree of difficulty. To me, places are organic beings; organisms consisting of all life, just like a human being. Otherwise it would not be possible to experience this magic chemistry between people and places. If the chemistry is right, you want to stay, but if it's not, it's disastrous. Even before our plane descends to land, we long to be back on it.

Everything that is alive also has a gender. London, like Vienna, is a masculine place for me. Paris, on the other hand, is a woman. So is Rome. Please don't ask me how I know; that's just the way it is – and I am sure it's okay with you. I am not so sure about Graz, where I was born and spend most of my time. Can you imagine that?! It's hard for me to decide about the place where I presently live. I don't have a clue whether Graz is masculine or feminine. I'm tempted to believe that I'm dealing with a hermaphrodite here, or better still: an androgynous being. That's not meant as an insult: androgynous beings sometimes earn world recognition. And you are a woman to me, Vorarlberg my dear.

A strong woman. We often misunderstand that thing about strong women. You are not a manly woman. You are a strong woman because you also have weaknesses. All strong creatures have their dark sides, which means they have character. What makes you so strong is that you are aware of your weaknesses and thus able to come to terms with them. That's also true, of course, of the strong man. The strongest knows his weaknesses best. And you know how to deal with me, as you have frequently shown. If I am upset about you, you don't knock me down with a wet, cold and mean right that suddenly shoots out of the fog. Others would do that, but you simply blow a soft breeze of lake air into my countenance, raise your eyebrows a bit, and smile at me. "You'll be all right. Nobody is perfect. Calm down, relax." If I still don't manage to calm down, you reprimand me: "After all you came to me, my dear Wanko, not the other way round! So make an effort, be friendly, open your eyes. Look me in the face!" If I then become defiant, you can change your tone: "You should not project your mistakes onto others and blame them for your failure!" Whew! You have often scolded me, and as the Styrians would say, "turned my feet in the right direction again."

As befits your rank, you are home to interesting people. Friends of mine – the writer and director Wolfgang Mörth, the restaurateur Christian Vögel, Tschako and Gert Valentinelli from the CD shop, who has accommodated me and my sometimes strange taste in music for over 15 years. Those are fixed stars. They explain you to me, help me recognise you. And speaking of explaining: I am sorry, but even though your mountains and valleys are very beautiful, they speak for themselves through my father's photographs. I didn't want to interfere with that, in our own best interest. But let's stay with the people who live here. We asked some of them for an interview for this illustrated book. And I think they can explain you and your variety best. While one of them exclaims "Mountain!", the other one may whisper "Laaaaake…." Whereas one longs for the black film of oil on winter roads and loves to retreat to a cosy café, another of your inhabitants eagerly awaits the crisp cold and the magic of the world in magnificent white. My interview partners will think about you and themselves and thus about you again. They have an advantage over me: They are always – well, almost always or at least very often – a part of you. I'm doing my best, you know that. The road between Graz and Bregenz should have a radar speed trap named after me. But what really counts are the pictures. The pictures in my mind, which brings me to the real nature of this essay.

It was recently. The sky above you was frozen, very dark – laden with sinister rain clouds – and the temperature was slightly below freezing. And then it started. First a few snowflakes gone astray; then, in the twinkling of an eye, there were loads of them. But never too many to block my view. "Stop, stop!" I told my daughter C. She looked at me questioningly. "What should I do? What?" she seemed to have asked me. "Look, just take a good look!" She looked around and went on. I stayed, and my daughter turned around to me. "Open your eyes!" I said, trying to help her. "Look, and simply try to get what you can see right now inside of your head." I wanted her to learn to inhale moments, one of the most important of our limited talents. In moments like these, there is a concentration of something which at the end of the day may be called life. I was alive, at that moment. At that moment you were very close to me, Vorarlberg, my dear. What's the value of a different place at the same time? I asked myself. Of course I asked myself this question much later; at that moment we were so close to one another that all the other thoughts in me were obliterated. It was not a sunset at the lake, not an alpenglow, not a moment I could prepare for. The veracity of this moment took me by complete surprise. In an instant you had come over me, and I was totally at your mercy. All other thoughts erased – that doesn't happen often. The lake, the water birds, the misty light, the snowflakes, your alleys, the greenish glow of the streetlights, the view onto the mole, the gale warning blinking orange, the icy paths covered with fresh snow, the scattered people – and us. Of course, the description is doomed to fail, you know. For you can describe many things, but there's one exception: the energy that has developed between you and me, which I can feel again while writing down these thoughts – this strange kind of energy. That's when you were more to me than anything else in this world – that's when you were a sea with everything else from this world.

But enough of that. I don't know how often Graz will grant me these flings. After all, Graz is also a proud city. But there will come the moment when Graz will turn away from me, and you will also be partly to blame for this; you won't be as innocent as you are acting right now, my dear. Then Graz will bestow its protective powers on someone else. Perhaps this person is already waiting in the wings – who knows, it can happen so fast…. At the moment described above, we were both very strong. There was a lot of energy between the two of us – you know what I mean. We knew that it could be for that moment; I had to take my leave, and you could only give me that part of you which I can carry inside of me. And at moments like this I release this part, over me and over you.

What a feeling! It's not always a quarter to twelve, sometimes it's 11:45. We simply can't let go of one another, my dear Vorarlberg. That's more than enough to get us started, and it makes us yearn for more.

Yours,
Martin

Martin G. Wanko is a freelance writer who lives in Graz and Bregenz. He'll accompany you through this book with two essays, and he also wrote the interviews.

Geburt	24. Juli 1946 in Bregenz
Wohnort	Höchst (Vorarlberg)
Familienstand	Verheiratet mit Ilga, zwei Söhne und eine Tochter
Ausbildung	Matura, Studium der Rechtswissenschaften
1970 Promotion
Stationen	u.a. 1981–1989 Klubobmann der ÖVP Landtagsfraktion;
1986 Landesparteiobmann, 1989–1990 Landesrat;
1990–1997 Landesstatthalter
seit 1997 Landeshauptmann

Herbert Sausgruber: „Die Kreativität der Strukturen."

Die schönsten Aussichten genießt man zumeist dort, wo Menschen sehr wenig Zeit zur Aussicht haben. Hier baut sich vor einem mitunter das Bregenzer Panorama auf. Von den großartigen, schützenden Hochhäusern, die den Mut zum Beton zeigen, den heute keiner mehr so recht haben will, schwenkt sich mein Blick natürlich über den morgengoldig flirrenden See, dem Vater des Städtchens Bregenz, hin zum pulsierenden Kern der Stadt, die sich zu Recht Bodensee Metropole nennt. So gesehen aus den Bürofenstern des Vorarlberger Landeshauptmanns Dr. Herbert Sausgruber.

Herr Landeshauptmann, Sie sind geborener Vorarlberger, nehme ich an.
Sausgruber: Ich bin in Höchst bei Bregenz aufgewachsen. An der Schweizer Grenze.
Welche Bedeutung hat für Sie der Bodensee?
Sausgruber: Als prägende Landschaft. Von der Kindheit her ist er stark mit Freizeit verbunden. Diese Kombination von Berg und Wasser, die Weite des Sees und die Nähe der Berge. Das prägt schon.
Die Berge kommen mir aber doch etwas in den Hintergrund gedrängt vor.
Sausgruber: Ich glaube nicht. Würde ich längere Zeit in einer Ebene verbringen, würde mir die Begrenzung am Horizont durch die Berge doch abgehen. Unsere Landschaft hat den besonderen Reiz auf sehr kleinem Raum große Vielfalt zu bieten.
Klingt das nicht ein bisschen wie aus einem Tourismuskatalog?
Sausgruber: Überhaupt nicht. Offenheit und Begrenzung, das hat einen besonderen Reiz.
Wenn Sie an Landschaft und Kindheit zurückdenken, gibt es hier ein besonderes Erlebnis?
Sausgruber: Sehr stark sind für mich die Erinne-

rungen an die Ferien bei meiner Großmutter in Nüziders bei Bludenz. Der freie Auslauf, die Natur im Wald und die Möglichkeiten die sich dadurch für einen Buben ergeben haben.

War das die Freiheit?

Sausgruber: In manchem gab es einen strengeren Rahmen als heute, aber im vorhin genannten Bereich wohl mehr Freiheit als man Kindern heute zugestehen würde. In den Ferien war die große Freiheit da, viele Freunde.

Und dann mussten Sie nach der Matura fort von hier. Welche Bedeutung messen Sie dem Fortgehen zu?

Sausgruber: Die Chance und Möglichkeit Neues zu entdecken. Ich habe die zwei Seiten schon immer gerne gehabt. Einerseits vertraute Umgebung. Diese Verwurzelung genießt man. Andererseits etwas Neues zu entdecken. Das Studieren war eine dieser Möglichkeiten.

Was hält Sie im Speziellen hier, könnten Sie sich vorstellen wegzugehen?

Sausgruber: Ich hätte es mir immer vorstellen können und kann es eigentlich heute noch.

Das ist sehr spannend. Wenn ich meine Gespräche die ich in der letzten Zeit führte rückverfolge, fällt mir auf: Der Vorarlberger verlässt das Land wenn sich die Chance bietet, mir nichts dir nichts, um es einmal zuzuspitzen. Das Volk hier scheint mir sehr flexibel zu sein.

Sausgruber: Wir haben eine gesunde Bindung und sind stolz auf unser Land, aber wir sind auch offen. Offenheit funktioniert in der Lebenspraxis nur dort, wo die Verwurzelung funktioniert. Verwurzelung sollte sich immer mit Offenheit und Toleranz verbinden, sonst wird sie eng und kleinkariert.

Vorarlberg, gerade das Unterland, hat strukturelle Elemente beispielsweise von L.A., wurde mir nicht nur einmal gesagt. Ist das fortschrittlich?

Sausgruber: Diese Bilder verzerren mehr, als dass sie etwas darstellen. Da gibt es noch andere Sprüche: Wir haben eine Dichte wie das Ruhrgebiet. Ein gewisser wahrer Kern ist an all dem dran, doch es kommt immer darauf an, was setzt man wie in Beziehung.

Verglichen wird auf der ganzen Welt, die Welt lebt nahezu von Vergleichen.

Sausgruber: Man sollte auf dem Teppich bleiben. Die vorhin genannten Gebiete sind Ballungsräume für Millionen Menschen, und wir haben 360 Tausend Einwohner, davon 200 Tausend im Rheintal. Das ist eine wesentlich kleinere Dimension, mit all seinen Vor – und Nachteilen dieser überblickbaren Kleinheit. Das sollte man bei allen Analysen, auch wenn man Bilder erzeugt, nicht unter den Tisch fallen lassen. Große Ballungszentren sind etwas ganz anderes.

Herr Landeshauptmann, wo steht dieses Land?

Sausgruber: Wir können unsere Chancen nützen. Das sieht man am Beispiel der Vorarlberger Architektur. Wie kommt die zentrale französische Architekturinstitution ausgerechnet auf die Idee, unsere Architektur in Paris und andern Städten präsentieren zu wollen? Ja nicht deshalb, weil wir am einzelnen Projekt eine besonders beeindruckende Dimension hätten! Die kann man in jeder Metropole in großer Zahl finden, gute exzellente Architektur! Bei uns ist es was anderes, was auch mit der Verwurzelung und Offenheit zu tun hat: Dass es gelingt, in einem nicht so verdichteten Raum, eben ohne Metropole, aus dieser Spannung von Tradition und Offenheit der Moderne gegenüber, einen kreativen Prozess zu entwickeln, der sonst häufig nur in Metropolen vorkommt.

Kann man diese Aussage auch in einem Satz verdichten?

Sausgruber: Das Leitbild ist wirtschaftliche Leistung mit Menschlichkeit zu verbinden. Neben der Pflege des sozialen Miteinander bedeutet dies auch den Anspruch eines kulturellen Profils.

Ist die zumindest österreichweit eigenste Sprache noch wirklich wichtig?

Sausgruber: Die Umgangssprache ist in jeder Region wichtig.

Das ist jetzt nicht negativ gemeint, aber die sprachliche Ferne zur Amtssprache ist schon sehr auffallend.

Sausgruber: Das glaube ich nicht. Das dürfte Ihr subjektiver Eindruck sein. Ob der steirische oder der Wiener Dialekt weiter weg von der Amtssprache sind, ist eine subjektive Empfindung. Fragen Sie jemand in Zürich oder Stuttgart, ob der Wiener oder Vorarlberger Dialekt weiter von der Amtssprache entfernt ist. Für den Großteil der Österreicher ist die alemannische Intonierung fremder.

Wie schaut das heutige Vorarlberg im Gegensatz zu dem, in dem Sie aufgewachsen sind, aus?
Sausgruber: Beachtliche Veränderungen, aber keine, die spezifisch Vorarlberg treffen. Die wesentliche Frage ist: Welcher Gesellschaft gelingt es besonders gut, diese intensiven Veränderungsprozesse im wirtschaftlichen und gesellschaftlichen Bereich so zu bewältigen, dass sie Leistungsfähigkeit mit Lebensqualität verbinden kann.

Das klingt doch sehr theoretisch, oder?
Sausgruber: Nicht wenn man es umsetzt. Wir setzen sehr stark auf Nahraumstrukturen, von Familien bis zu Vereinen und mittelständische Wirtschaft. Andere meinen, das muss alles großräumig gemanagt werden. Das halte ich für einen großen Fehler!

Ich bin gelegentlich doch öfters hier als anderswo. Ich bemerke in den letzten Jahren ein neues Lebensgefühl, beispielsweise in Bregenz. Menschen gehen studieren, arbeiten im Ausland, kommen wieder und wollen nicht gleich zuallererst ein Haus bauen. Die erstarrten Strukturen öffnen sich, auch zwischen Vorarlbergern unterschiedlicher nationaler Herkunft.
Sausgruber: Das, was Sie beschreiben, ist gut beobachtet. Da die Mobilität immer größer wird, die Ausbildung im durchschnittlichen Niveau ansteigt, bleibt das nicht ohne Folgen. Das hat auch positive Seiten. Sonst wäre der Zustand der Erstarrung erreicht.

Kommen wir langsam zum Ende. Wie oft waren Sie in den letzten 365 Tagen wandern, im Bodensee schwimmen und Skifahren?
Sausgruber: Ich jogge täglich, mache auch sonntägliche Spaziergänge, echte Wanderungen waren es vielleicht drei. Schwimmen im Bodensee gar nicht, wir haben in Höchst einen Baggersee, dort war ich im Sommer mehrfach.

Gibt es für Sie ein Hobby, das an dieses Land hier gebunden ist?
Sausgruber: Nein.

Was ist Ihr Lieblingsplatz, gibt es den?
Sausgruber: Es gibt Plätze, die mir besonders nahe liegen. Das Ried in Höchst in Richtung See. Aus der Kindheit her die Gegend um Bludenz.

Wie schaut für Sie der Sonntag aus?
Sausgruber: Zu einem freien Tag gehört familiärer Kontakt, Bewegung in der Natur. In einer gewissen Zeit der Ruhe lese ich gerne.

Welches Buch haben Sie als Letztes gelesen?
Sausgruber: Als letztes hatte ich Kants Werk zum ewigen Frieden in der Hand.

Herr Landeshauptmann, ich bedanke mich für dieses Gespräch.

Herbert Sausgruber:

Date of Birth: July 24, 1946
Place of birth: Bregenz
Residence: Hoechst (Vorarlberg)
Married to: Ilga, 2 sons, 1 daughter
A-levels, Law studies, graduation in 1970
Some career highlights: 1981–89 Chairperson of the People's Party in the local government, 1986 Party leader, 1989–90 Member of the local parliament, 1990–1997 Vice-governor, since 1997 governor of Vorarlberg.

You often have the greatest views from places where people have little time to really enjoy them. Take the panoramic view of Bregenz as an example. My gaze shifts from the great protective high-rises – a display of the architects' courage to use concrete, which they don't seem to have any longer these days – to the lake, the father of the small town of Bregenz, shimmering golden in the morning light, to the throbbing city centre that rightly refers to itself as a metropolis on Lake Constance. My position: I am standing at the office windows of Dr. Herbert Sausgruber, governor of Vorarlberg.

Governor, you were born in Vorarlberg, I suppose.
Herbert Sausgruber: I grew up in Hoechst, a village near Bregenz. On the Swiss border.
What does Lake Constance mean to you?
Herbert Sausgruber: It is a landscape that has left its mark on me. Since childhood, I have associated it with leisure time. It's this combination of mountains and water, of the vastness of the lake and the proximity of the mountains that has left a deep impression.
It seems to me that the mountains play a less important role.
I don't think so. If I spent any length of time on a plain, I would surely miss the natural border of the mountains on the horizon. What makes our landscape so appealing is that it offers such great variety in such a small space.
Doesn't that sound a bit like a text from a tourism brochure?
Herbert Sausgruber: Not at all. Openness and boundaries, that's the special appeal.
When you think back to the landscape and your childhood, do you remember one experience in particular?
I have vivid memories of spending my holidays with my grandmother in Nueziders, a small village near Bludenz. The freedom to run around, nature and wildlife in the woods, and all the different adventures they provided for a boy.
Was that freedom?

Herbert Sausgruber: There were stricter rules for some things than today, but I think we enjoyed more freedom in those areas I mentioned than kids nowadays do. Holidays meant freedom and a lot of friends.
And then – after your A-levels – you had to leave here. What does going away mean to you?
Herbert Sausgruber: It's a chance and an opportunity to discover something new. I have always liked both sides: on the one hand my familiar surroundings and enjoying my roots; on the other hand discovering something new. Going to the university offered me one of these opportunities.
What in particular keeps you here? And could you imagine going away?
Herbert Sausgruber: I've always been able to imagine going away. In fact, I still can today.
That's fascinating. When I look back at all the interviews I've done in the last few weeks, one thing is striking: Given half the chance, the inhabitants of Vorarlberg would leave their country without so much as a by-your-leave, if I may exaggerate. The people here seem to be very flexible.
Herbert Sausgruber: We have a healthy relationship to Vorarlberg and are very proud of our province, but we are also quite open-minded. You can only be open-minded in life if you have strong roots. And being rooted should always be

in connection to open-mindedness and tolerance, otherwise the roots become narrow-minded and petty.
I was once told that Vorarlberg, especially its lower part, has structural elements like for example L.A. Is that a symbol of progress?
Herbert Sausgruber: These images do more to distort reality than to show it. I've heard even worse: that we have a population density like that of the Ruhr area [an industrial area on the Ruhr river]. There is certainly some truth in this, but it always depends on the comparisons themselves.
Everything on earth is compared and contrasted – the world seems to thrive on comparisons.
Herbert Sausgruber: One should be realistic and reasonable. The areas you mentioned are conurbation areas for millions of people; and we only have 360,000 inhabitants, 200,000 of whom live in the Rhine Valley. This is a far smaller scale, with all the advantages and disadvantages of a small country. When analysing, you should never sweep these facts under the carpet, even though you create certain images. Large conurbation areas are something completely different.
Governor, what is the position of Vorarlberg at the moment?
Herbert Sausgruber: We can take advantage of the opportunities we have. Our architecture is a good example. Why does the National French

Institution of Architecture want to present Vorarlberg architecture in Paris and other cities? Not because any single project here is on a particularly impressive scale – you can find scores of examples of good or excellent architecture in any metropolis. With us it's different, and it has to do with our roots and openness. It's our ability to develop a creative process in an area that is not so densely populated and has no metropolis, but that values tradition and is still open to modernity. This is normally only possible in a metropolis.

Can this be summarised in one sentence?
Herbert Sausgruber: Our mission statement combines economic performance with humanity. This requires both a healthy social togetherness and a cultural profile.

Is the local language – the most peculiar at least in Austria - still really important?
Herbert Sausgruber: The local language is important in every region.

This is not meant to sound critical, but there does seem to be a striking difference between the local dialect and official German.
Herbert Sausgruber: I don't think so. That might be your subjective impression. Whether the dialect in Styria or in Vienna is farther from standard German is a subjective feeling. You should ask somebody in Zurich or Stuttgart whether the Vorarlberg or the Viennese dialect is further removed from the official language. For the majority of Austrians, the Allemannic intonation sounds strange.

What does the Vorarlberg of today look like in comparison to the one that you grew up in?
Herbert Sausgruber: Significant changes, but none that only concern Vorarlberg. The main question is whether a society can manage these intensive economic and social changes successfully enough to combine efficiency with quality of life.

Sounds very theoretical, doesn't it?
Herbert Sausgruber: Not if it is implemented. We put a lot of emphasis on local infrastructures like families, clubs and societies as well as medium-sized businesses. Others argue that all of this should be managed centrally. I think that would be a big mistake.

I happen to be here more often than other places. And in the last few years I have noticed a new attitude towards life, for example in Bregenz. People go to universities, work abroad, come back and their first wish is no longer to build their own house. The inflexible old structures are opening up, even between inhabitants of different national origins.
Herbert Sausgruber: What you describe is well observed. As mobility increases and the average level of education and training rises, there are consequences. And there are also advantages to that. Otherwise we would be paralysed.

Let's wrap this up: How often have you been hiking, swimming in Lake Constance and skiing in the last 365 days?
Herbert Sausgruber: I go jogging every day and go for walks on Sundays. Proper hikes – maybe three altogether. Swimming in Lake Constance – not a single time because we have an artificial lake in Hoechst where I went several times last summer.

Do you have a hobby that is particularly connected to Vorarlberg?
Herbert Sausgruber: No, I don't.

What's your favourite spot, if there is one?
Herbert Sausgruber: There are some spots that are very dear to me. The marsh in Hoechst towards the lake. From my childhood, the area around Bludenz.

What does your typical Sunday look like?
Herbert Sausgruber: A holiday for me means spending time with my family, exercising in nature. When I have some quiet moments I enjoy reading.

What was the last book you read?
Herbert Sausgruber: The last book I had in my hand was Kant's Doctrine On Eternal Peace.

Governor, thank you very much for the interview.

Region Leiblachtal | Bodenseeufer | Bodenseeufer Hörbranz

Alte Fähre, Bodensee Lochau | Möggers

Schloss Hofen, Lochau | Kloster Gwiggen, Hohenweiler | Eichenberg

Impression Kloster Gwiggen | Impression Leiblachtal

Bodenseeregion | Bodenseeufer Höchst | Bodenseeufer Bregenz

28 Talschaften | Valleys

Yachthafen Hard | Fussach | Bodenseeufer Höchst

Höchster Ried | Fussach

Alter Rhein, Gaissau | Höchst

Alter Rhein, Lustenau | Lustenauer Ried | Schweizer Ried

Hofsteig Region | Buch | Schloss Wolfurt | Pfarrkirche St. Sebastian, Schwarzach | Lauteracher Ried | Bildstein

38 Talschaften | Valleys

Kummenberg Region | Koblach | Alter Rhein, Altach | Josef-Ender-Saal, Mäder | Jonas-Schlössle, Götzis

Region Oberland | Klaus | Gemeindehaus Röthis

Basilika Rankweil | Fraxern | Rankweil | Laternsertal, Alpe Untere Wüste und Walser Kamm

Region Walgau | Nenzing | Bauernhaus | Parzelle Latz - Nenzing

46 Talschaften | Valleys

Rathaus Nenzing | Blick in den hinteren Walgau

Vinerkirchlein Nüziders | Frastanz | Schlins

Region Blumenegg | Kirche St. Martin, Ludesch | Bludesch, Blick Zimba

Nikolaus Kirche, Fresken, Bludesch | Impressionen Thüringen und Bludesch

Region Großes Walsertal | Raggal - Marul | Seewald-See

Raggal | Propstei St. Gerold | Blumenwiese Buchboden | Fontanella, Blick Hoher Frassen

Region Walgau | Bürser Schaß (Weide über dem Felsen) | Bürser Schlucht (Ausläufer der Kalkalpen)

Brandnertal | Kopsspeicher ob Partenen - Hintergrund die Berge um Galtür | Schesaplana - Motakopf

Silbertal | Impressionen Silbertal | Schwarzer See

Montafon | Sennigrat – Blick Mittagsjoch | Alpe vor der Kapell mit Roter Wand

Talschaften | Valleys

Gauertal – Blick zur Sulzfluh | Gaschurn | Gaschurn, Schwarzsee | Herzsee auf Alpe Inner-Kapell

Hochjoch – Kapell | Drei Türme

Klostertal | Pasür-Stuben | Hl. Kreuz Kirche, Dalaas | Mason-Wasserfall, Braz | Versettla Blick gegen die Bergumrahmung ob Partenen (Kops und Vaaüla)

Rüfispitz, Lech | Guggisköpfe, Zürs

Lech-Oberstubenbach | Lech Omes Horn | Altes Bauernhaus | Kirche Hl. Nikolaus mit Karhorn

Bregenzerwald | Kirche St. Nikolaus, Fresken, Damüls | Damüls – Wannenhorn

Widderstein, Warth
Emmebach, Sibratsgfäll
Gapfohl, Laterns
Didamskopf, Schoppernau

Au - Fluhschrofen | Au - Eggele

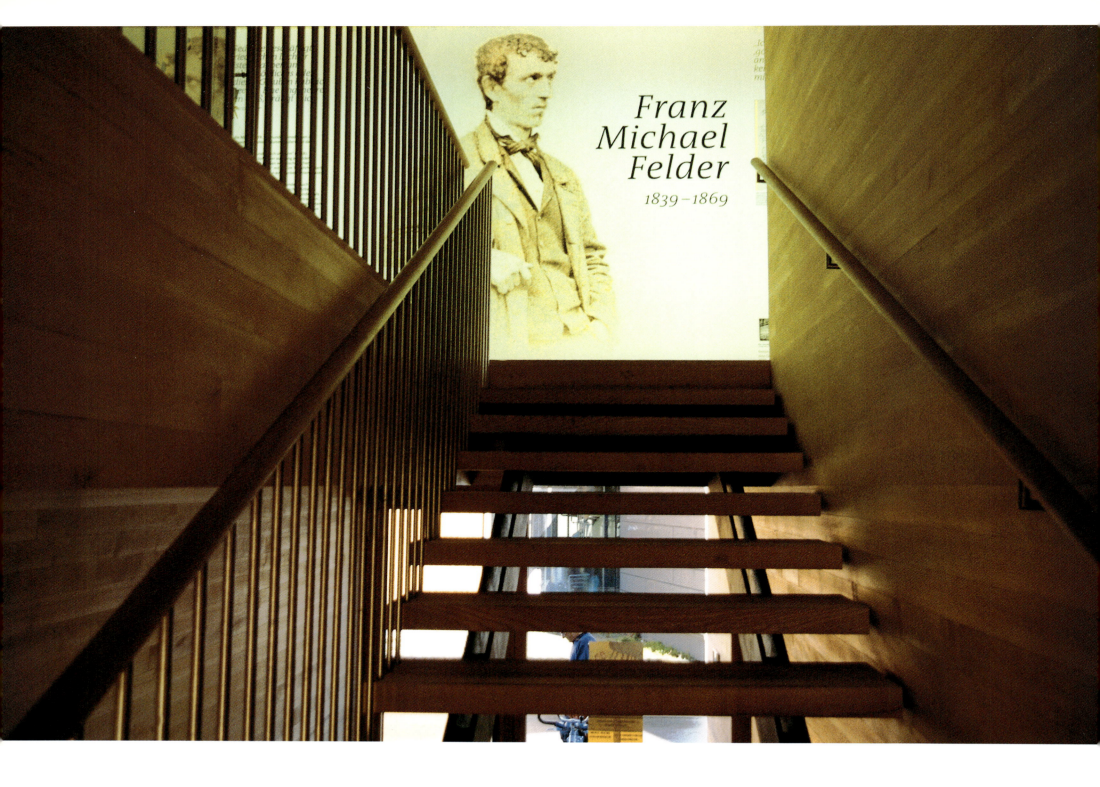

Felder Museum, Schoppernau | Diedamskopf Richtung Widderstein

84 Talschaften | Valleys

Ober Diedams-Alpe, Schoppernau | Josef Schwärzler, Alpe Gerisgschwend, Hittisau | Alpe Egg, Hittisau | Alpe Gopf, Reuthe

Bregenzerach, Bezau | Sulzberg | Fa. Arnold Feuerstein, Bizau | Hotel Löwen, Alberschwende | Frauenmuseum, Hittisau

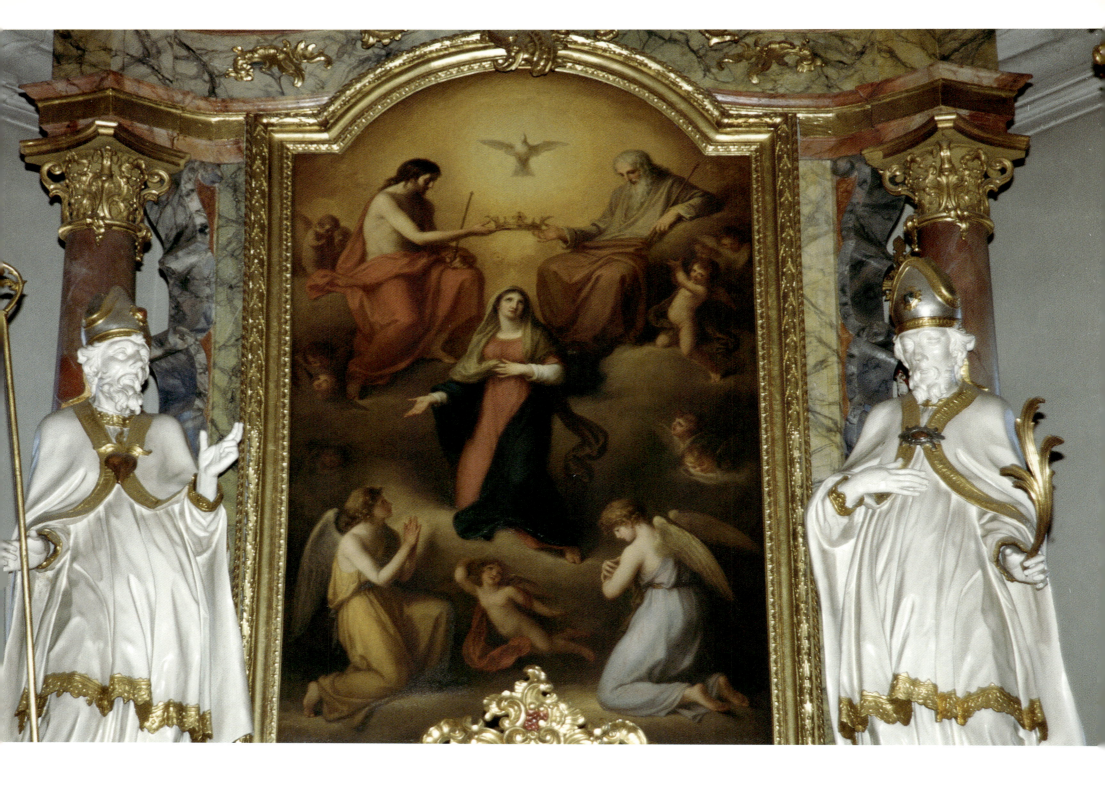

Pfarrkirche zur Dreifaltigkeit mit Hochaltarbild von Angelika Kauffmann | Schwarzenberg

Egg | Andelsbuch | Schwarzenberg | Bezau | Müselbach

Impressionen | Kleines Walsertal | Uhnspitze und Starzeljoch

Wasser | Water

Geburt	1. Januar 1944 in Schwarzenberg, Bregenzerwald, Loch 284
Familienstand	2. Ehe
Wohnort	Schwarzach (Vorarlberg) / Wien („unter der Gürtellinie")
Ausbildung	Matura; Lehrerbildungsanstalt Feldkirch (LBA); 1963 Volksschullehrer 1964–1969 Akademie der bildenden Künste Wien bei Max Melcher und Max Weiler 1969 Diplom als akademischer Graphiker und Maler und Lehramtsprüfung für Mittelschulen 1970–1974 Unterricht an Vorarlberger Mittelschulen; Seit 1974 freischaffend. Laut eigenen Angaben. „ein paar hundert Ausstellungen", unter anderem in Wien, Helsinki, New York und Tokio
Publikationen	u.a. Pandämonium (Freibord 1979); Marianne Greber FOTOKATROSTOFIEREN : TONE FINK (Christian Brandstätter Verlag 2004)

Tone Fink: „Nesthocker werden blind!"

Seine Performances beweisen es: Er ist so flink wie ein Fink. Auf seiner Homepage springt einem die Wildkatze entgegen, aus Marianne Grebers Bildband die Nashornkäfermaske. Er zählt zu den vielseitigsten Künstlern Österreichs, ihn einzuordnen wäre mühsam. Von der feinstimmigen Zeichnung bis zum wilden Film ist das Spektrum groß. „Ein verrückter Künstler verrückt die Gesellschaft!", manchmal um einige Zentimeter, manchmal um Meilen.

Tone, deine Eltern hatten echte Wälderberufe, um es einmal so auszudrücken.
Tone Fink: Richtig, mein Vater war Huf- und Wagenschmied, Mutter Näherin, sie nähte Bregenzerwälder Tracht - und Wallfahrerin.
Wie war deine Zeit im Bregenzerwald aus heutiger Sicht betrachtet.
Tone Fink: In der Schmiede vom Vater waren ja viele Tiere, vom Rind bis zum Schwein, dazu noch die Heuwagen und Mistkarren, Jauchewagen, Fuhrwerke. Was mich immer noch inspiriert, ist der Geruch von frischgelegten Eiern, frisch gemähtes Heu, der Wald, die Erde spüren und riechen. Das Holz und die Pflanzen haben mit mir buchstäblich gesprochen, so nah war ich an der Natur. Mein Onkel war noch dazu Wagner! Wenn ich da einen Weltkugelwagen oder einen Schubkarren mache, Objekte mit denen man zum Beispiel fahren, schaukeln kann, da spielt meine Kindheit schon mit.
Und das hast du in dir mitgenommen?
Tone Fink: Das Interessante daran ist, dass ich das erst die letzten zehn Jahre mache. Ich und das Urige – Naturige, die Stofflichkeit, das Organische, das kommt bei mir stark vor. Ich als Körper- und Hautkünstler, Papiertiger und Reißwolf, verfinkt und zugenäht, verflixt und zugeklebt –

dieses fragile Material Papier: sei es das Scheißhauspapier, das Zeitungspapier, das Tapetenpapier, bis zur Schuljause wurde ja alles in Papier eingepackt. Oder wenn es im Winter kalt war und man hat Rückenschmerzen gehabt, hat man den Rücken mit Zeitungspapier belegt. Das ist die schöne Seite vom Bregenzerwald.

Zur schönen Seite gehört auch die nicht ganz so schöne.

Tone Fink: Kirche – vorbeten – Ministrant – und dazu noch rothaarig: „Sieben rote Leute haben sieben Häute, sechs mehr wie andere Leute." Ich war besonders empfindlich und empfindsam und dadurch auch kreativ … .

Auch unschön war, dass gleich immer der Teufel an die Wand gemalt wurde. Du bist ein Sünder, du musst nach oben flehen und knien, nach unten treten, das sind dann die Nachuntentreter – die Wörter hab ich noch gut im Ohr. Da hat die Kirche durch die elterliche Erziehung schon Narben hinterlassen. Du musst – du darfst nicht – du sollst: das kommt ja alles daraus. Aber: die Schattenseiten sind zu Lichtseiten geworden, ein Teil der Kreativität. Vielleicht hat es auch gut getan, dass man wegen dem Anstand keinen Kopfstand machen durfte.

Aus dieser „Charakterschmiede" hat sich so auch dein „Pandämonium (Höllenfahrt von Schwarzenberg nach Wien)" ergeben.

Tone Fink: Auch, ja. Das war vor 25 Jahren, mein erstes Buch, in Gerd Jaschkes Freibord erschienen.

Als Tone wird man nicht geboren.

Tone Fink: Seit 1974 bin ich der Tone. Vorher war ich der Anton.

War das Fortgehen wichtig für dich?

Tone Fink: Nesthocker werden blind! Wer nach „dahoam is dahoam" lebt, sieht nicht über den Horizont hinaus. Gottfried Bechtold ist eine Ausnahme, das muss ich schon sagen. International anerkannt und sitzt am Bodensee - also das hätte ich nicht geschafft. Wien hat mir für die nationale und ein bisschen für die internationale Karriere schon geholfen. Ich leb auch zwei Drittel im Jahr in Wien und ein Drittel hier in Schwarzach. Die Feiertage und den Sommer verbringe ich hier.

Brauchst du das Drittel das du hier verbringst?

Tone Fink: Ich glaube schon, ja. Da ist halt meine Wurzel und ich komme ja auch um die Familie zu „sekkieren". Die Familie und meine Tiere brauche ich schon.

Welche Tiere hast du?

Tone Fink: Zwei Hunde hier und in Dornbirn haben wir noch zwei Pferde in einem Reitstall. Meine Tochter war ja auch zwei Mal Vizestaatsmeisterin im Dressurreiten – stell dir das einmal vor, Dressurreiten bei so einem Vater!

Wenn du dann hier bist, hast du dann viel Kontakt zu den Menschen hier?

Tone Fink: Eigentlich nicht. Hier bin ich zur Erholung. Meine Frau sagt immer, „Du hast es gut, du bist drei Wochen in Wien und machst dann hier eine Woche Urlaub." Was ja nicht ganz stimmt, weil zu tun gibt es immer was. In Wien bin ich ja alleine, da gehe ich dann auf „Vernisarsch-en".

Charakterisier mal bitte dein Geburtsland.

Tone Fink: Da kommt dann die übliche Scheiße. Fleißig, tüchtig, sauber. Ordentlich, diszipliniert, pragmatisch. Aber unter vielen braven Menschen gibt es auch „gute" böse Menschen.

Das kann doch Reibungen erzeugen, wenn ich da an die „Narrohut", die Narrenhaut, denke.

Tone Fink: Ja, ja. Die ist in Österreich ziemlich eingefahren. Man muss sich das vorstellen, die ist 1983 um 21 Uhr 30 in den Kunststücken gekommen. Da zeigt man eine Kirche, und darauf einen Busen, frisch gewaschene Wäsche und daneben dreckige Saueuter. Alles wild durcheinandergewürfelt. Diese Schnelligkeit der Bilder löste Ärger und Staunen aus.

Wie ist der Film hier aufgenommen worden?

Tone Fink: Schrecklich! Nach einer halben Stunde hat man uns telefonisch schon gedroht, dass uns der Hitler vergessen hat zu vergasen, oder man sollte mich im Dorfbrunnen ertränken! Der ORF hatte im 83er Jahr nie wieder so viele negative Anrufe. Die meisten positiven Rückmeldungen hat der Papstbesuch in Mariazell gehabt.

Wie fühlt man sich dann?

Tone Fink: Ich wollte das ja nicht! Dadurch ist es vielleicht gegangen. Einerseits ist es toll, man fühlt sich gut, dass Kunst noch solche Emotionen auslösen kann. Aber das ist nicht nur hier so, das ist in ganz Österreich gleich.

Aber in der Kunst ist doch einiges los.
Tone Fink: Genau. Also von den Bregenzer Festspielen über die Schubertiade, das Bregenzer Kunsthaus, bis hin zu den ganzen Galerien gefällt mir alles. Da tut sich im Land schon was!

Da hat sich im Vergleich zu früher schon viel verändert.
Tone Fink: Na ja, in den Siebzigern haben wir halt Revolution und die „Randspiele" gemacht. Da war schon auch ein Aufbruch.

Die Sprache ist ein Teil deiner Kunst. Wo wurzelt die?
Tone Fink: Ich habe immer unter der Unterrichtssprache gelitten, war in Deutsch immer kurz vor dem Fünfer. Heute spiele ich mich mit der Bregenzerwälder Mundart. Meine Sprachspiele sind meistens lebensweise und philosophisch. Ich töne zum Beispiel sehr gerne Sprichwörter in das Wälderische um.

Darf ich um eine kleine Kostprobe bitten?
„Bu husle a nüs Hus und kouf net zviel Häs." Bau sparsam ein neues Haus und kaufe nicht zu viel Gewand.
„Us`m Lo usalo, is Lo ielo, is Lo abelo – des isch s`Leaba." Aus einem Loch herauslassen, ins Loch hineinlassen, ins Loch hinunterlassen – das ist das Leben. Geburt – Ehe – Tod. Und ich komme aus einem Loch. Schwarzenberg, Loch 287 heißt die Parzelle, wo ich geboren, also aufgewachsen bin.
„Wo d`Hüslebua anesorchant, da wachst lan ka Gräs." Wo die Häuselbauer hinschiffen, da wächst lang kein Gras.
„A wüaschts Heufudar ischt allat no schöanar als de mäschte nüa Hüsar us Beton." Ein wüster Heufuder ist allemal schöner, als die meisten neuen Häuser aus Beton.

Wirklich beeindruckend! Jetzt noch zu meiner Gewissensfrage: Wie oft warst du in den letzten 365 Tagen wandern, im Bodensee schwimmen, oder Skifahren?
Also, ungefähr 120 Tage bin ich da, mal zwei, das macht fast 250 Mal wandern. Ich wandere mit meinen zwei Hunden nämlich zwei Mal täglich nach Bildstein - und das die letzten 20 Jahre! Das brauch ich für meine Performances. In Fußach am Bodensee war ich vier Mal schwimmen. Früher war ich ein wilder Skifahrer, aber seit den beiden Bänderrissen geht das nicht mehr.

Das tägliche Spazieren gehen, ist das ein Hobby, das an dieses Land gebunden ist?
In Wien laufe ich halt den ganzen Tag im Atelier umher und muss immer ohne Lift in den dritten Stock.

Unterscheiden sich die freien von den Arbeitstagen?
Natürlich gibt es lockere Tage, aber in den Urlaub im ursprünglichen Sinne bin ich schon die letzten 20 Jahre nicht mehr gefahren.

Gibt es für dich so was wie Heimweh?
Wenn ich in Vorarlberg bin, freu ich mich auf Wien und umgekehrt. Das ist optimal, weil man sich immer auf was freuen kann. Wie ich jetzt zu Ostern gekommen bin, hab ich den Frühlingsanfang absolut hautnah erlebt. Wahnsinn! Jetzt freu ich mich schon wieder auf Wien. Dort stehen vier nagelneue feuchte Objekte, die ich mit kostbarstem Himalajapapier eingemantelt habe. Und auf diese Überraschung freue ich mich schon sehr.

Lieber Tone, ich danke für das Gespräch.

Tone Fink:

Date of birth: January 1, 1944
Place of birth: Schwarzenberg, Bregenz Forest, Loch 284
Marital status: 2nd marriage
Residence: Schwarzach (Vorarlberg) / Vienna ("below the belt")
Education: A-levels, Teachers Training College, Feldkirch
1963: Primary school teacher
1964–69: Academy of Fine Arts in Vienna: studied under Max Melcher and Max Weiler
1969: Diploma as academic graphic designer and artist, examination for secondary school teacher.
1970–74: Teacher at secondary schools in Vorarlberg
Since 1974: Freelance artist. According to Fink "a couple of hundred exhibitions" in (among other places) Vienna, Helsinki, New York and Tokyo.
Publications (among others): Pandemonium (Freibord 1979); Marianne Greber FOTOKATROSTOFIEREN: TONE FINK (Christian Brandstätter Verlag 2004)

His performances prove that he is as nimble as a finch [in German, `Fink´ also means finch]. A wildcat jumps out at you from his homepage, from Marianne Greber's illustrated book it's the masque of a rhino beetle. He is one of Austria's most versatile artists, and it would be hard to classify him. His work covers a wide spectrum ranging from sensitive drawings to wild films. "A crazy artist moves a society," sometimes by only a few inches, sometimes by miles.

Tone, your parents worked in jobs that were – let's say – typical of the Bregenz Forest.
Tone Fink: That's right. My father was a blacksmith; my mother was a seamstress who sewed traditional Bregenz Forest costumes – and went on religious pilgrimages.

When you look back - what was the time you spent in the Bregenz Forest like?
Tone Fink: There were a lot of animals in my father's forge, cows and pigs, and also the hay wagons, dung and liquid manure carts and other wagons. What still inspires me is the smell of freshly laid eggs, freshly mown hay, the woods, and the feel and smell of the earth. The woods and the plants literally spoke to me; that's how close I was to nature. And on top of that my uncle was a coach builder! Whenever I create a globe wagon or a wheelbarrow – objects you can drive or rock in, for example – that's when my childhood plays a role.

And that's what you've retained?
Tone Fink: What's interesting is that I have only started doing this in the last ten years. Myself and the earthiness – the natural origins, the materiality, the organic whole, it's an important part of me. Myself as a body and skin artist, paper tiger and paper shredder, damn and blast – that fragile material paper: be it toilet paper, newspaper paper, or wallpaper. Even our school snacks were wrapped in paper! Or when it was cold in winter and your back hurt, you used to put newspapers on your back. That is the best part of the Bregenz Forest.

But there is also the other side of the coin.
Tone Fink: Church – leading the prayer – altar boy – and a redhead to boot. There's an old saying: "Seven red people have seven red skins, six more than other people". I was extremely sensitive and sentimental and thus also creative …
What was also unpleasant was that people always imagined the worst. You are a sinner, you have to pray to heaven and kneel down, shove people around… these are the people who kick those beneath them – these words are still ringing in my ears. That's where the church left a few scars through your parents' upbringing. You must – you must not – you should not: everything is derived from this principle. But the dark sides have become the bright sides, a part of my creativity. Maybe it was also a good thing that

etiquette would not allow you to stand on your head.

This forging of character then turned into your "Pandemonium (nightmarish trip from Schwarzenberg to Vienna)".

Tone Fink: Yes, that too. That was 25 years ago, my first book, published in Gerd Jaschke's Freibord.

No one is christened "Tone".

Tone Fink: I have been Tone since 1974. Before that I was called Anton.

Was going away important for you?

Tone Fink: You turn blind if you stay at home all your life! If your motto is "There's no place like home" you won't look beyond your horizons. But I really must say that Gottfried Bechtold is an exception. He's internationally renowned but still lives on Lake Constance – something I couldn't have done. Vienna fostered my national and also – to some degree – my international career. I spend two thirds of the year in Vienna and one third here in Schwarzach. This is where I spend the holidays and the summer.

Do you need the third that you spend here?

Tone Fink: Yes, I think so. These are my roots, and I also come back to pester my family. I do need my family and my animals.

Which animals have you got?

Tone Fink: Two dogs here, and in Dornbirn we have also got two horses in a stable. After all, my daughter was Austrian silver medallist in dressage twice – just imagine that! Dressage with a father like me!

When you are here – have you got a lot of contact with the locals?

Tone Fink: Not really. I'm here to relax. My wife keeps saying, "Aren't you spoiled? You are in Vienna for three weeks, and then you here on holiday for a week". Which isn't quite true, because I've always got something to do. In Vienna I am alone and usually go to stupid openings of exhibitions.

Could you please characterise your home country?

Tone Fink: Well, I suppose the usual bullshit. Diligent, efficient, tidy. Orderly, disciplined, pragmatic. Yet among many good people there are also good "bad" people.

That can cause a lot of friction – I'm thinking of the "Narrenhaut" ["Fool's Skin", A TV programme].

Tone Fink: Oh yes. That was quite a shock for Austria. Just picture this – it was first broadcast in 1983 at 9.30 p.m. in our cultural programme. You saw a church with tits on top of it, and freshly washed clothes next to a dirty sow's udder. Everything was thrown into a crazy mixed-up heap. The fast-changing images triggered anger and amazement.

How was the film received here?

Tone Fink: Horribly! After half an hour we received telephone threats suggesting that Hitler had forgotten to gas us, and that I should be drowned in the village fountain. In the whole year of 1983, Austrian Radio and Television never again received as many negative phone calls as they did at that time. The Pope's visit to Mariazell received the most positive feedback.

How did you feel then?

Tone Fink: It wasn't what I wanted. Maybe that's why it worked. One the one hand, it's great – you feel good that art can cause such reactions. But this is not the only place where that's the case – it's the same all over Austria.

But there is quite a lot going on in the arts.

Tone Fink: Exactly. I love it all – the Bregenz Festival, the Schubert Festival, the House of Art in Bregenz, and all the galleries. There really is a lot going on here!

Compared to the past, a lot has changed.

Tone Fink: Well, back in the seventies we had our revolution and played "fringe games". That was a real departure too.

Language is part of your art. Where are its roots?

Tone Fink: I have always suffered from having to use the language of instruction in school and was always on the verge of failing in German. Nowadays I play around with the Bregenz Forest dialect. My puns mostly reflect philosophies of life. I quite like changing proverbs into the Bregenz Forest dialect.

May I ask you for a sample?

Tone Fink: "Bu husle a nüs Hus und kouf net zviel Häs." Build a new house thriftily and don't buy too many clothes.

"Us'm Lo usalo, is Lo ielo, is Lo abelo – des isch s'Leaba." Let out of a hole, let into a hole, let down into a hole – that's life.

Birth – marriage – death. And I come from a hole: Schwarzenberg. The name of the parcel where I was born and grew up is Loch [= hole] 287.

"Wo d'Hüslebua anesorchant, da wachst lan ka Gräs." Where the builders pee, no grass will grow for a long time.

"A wüaschts Heufudar ischt allat no schöanar als de mäschte nüa Hüsar us Beton." An ugly barn is still more beautiful than most new houses made of concrete.

Most impressive! And now let's turn to a matter of conscience: how often have you been hiking, swimming in Lake Constance or skiing in the last 365 days?

Tone Fink: Well, I'm here for about 120 days, times two – that means hiking almost 250 times. Twice a day, I take a walk up to Bildstein with my two dogs – and I've been doing that for the last 20 years! I need it for my performances. I went for a swim four times in Fußach on Lake Constance. I used to be a wild skier, but ever since I tore my ligaments twice I haven't been able to do that any more.

Your daily walk – is that a hobby that is particularly related to Vorarlberg?

Tone Fink: In Vienna I run around in my studio all day and have to climb the stairs to the third floor – there's no lift.

Is there a difference between a holiday and a working day?

Tone Fink: Of course some days are less stressful, but I haven't had a real holiday in the last 20 years.

Do you experience something like homesickness?

Tone Fink: When I'm in Vorarlberg I look forward to being in Vienna and vice versa. That's ideal, because you always have something to look forward to. When I came here just now over Easter, I was able to follow the spring awakening very closely. Awesome! And now I'm looking forward to getting back to Vienna. There are four brand-new moist objects that I've covered with precious Himalayan paper waiting for me there, and I'm really looking forward to this surprise.

Tone, thank you very much for the interview.

Wasser, Lech

Thüringen | Bregenzerwald | Rappenlochschlucht, Dornbirn | Silbertal

Bodensee Lochau | Bodensee Bregenz

Lochau Segelhafen | Impression Bodensee

Bodensee Bregenz | Bodensee Hard

Bodensee Bregenz | Hafen Bregenz | Neuer Rhein

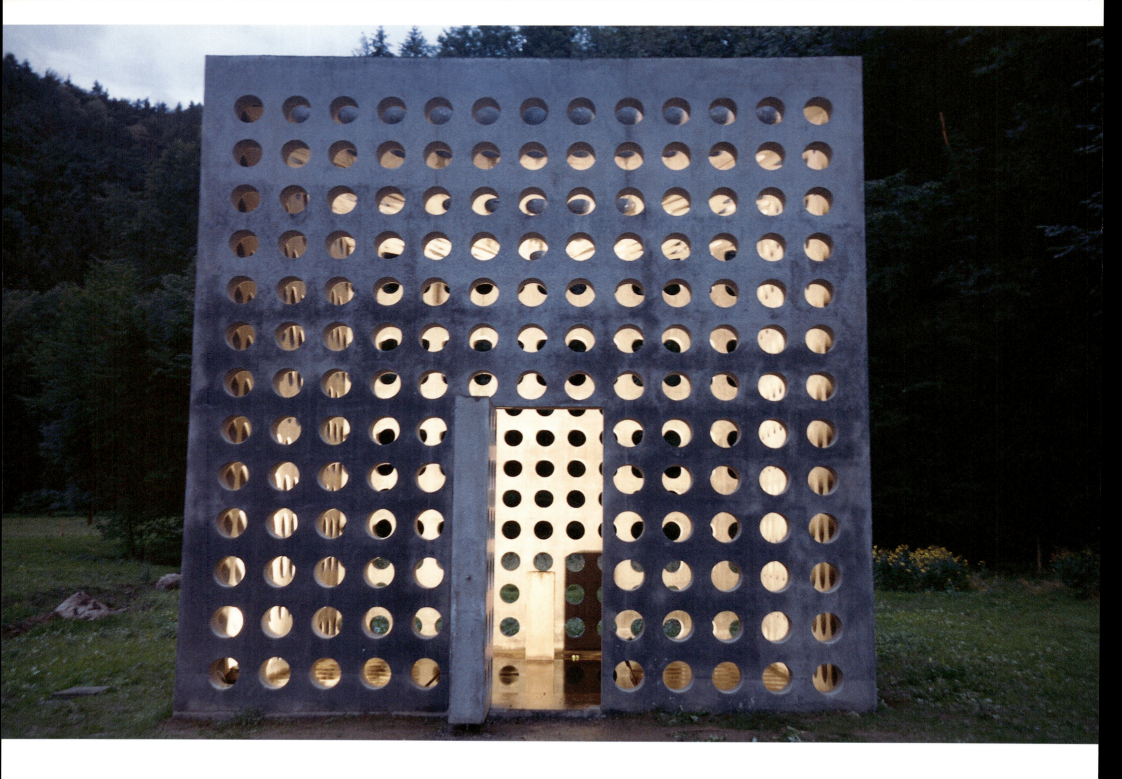

Wasserhaus St. Arbogast, Götzis | Bodensee Bregenz

Geburtsdatum	28. Februar 1945
Geburtsort	Bezau
Familienstand	verheiratet
Kinder	4

Seit dem 14. Lebensjahr in der Gastronomie tätig. Marlis Nagele und Familie verwandelten - in jahrelanger Arbeit - ihre Bäckerei zum Gasthof „Drei König". Heute zählt das „Drei König" zu den renommiertesten Restaurants in ganz Vorarlberg.

Marlis Nagele: „Und am Gipfel war alles anders!"

Vor fünf Jahren kam auf Marlis Nagele der Hammer zu. Sie übergab die „Drei König" an die nächste Generation. Aber anstatt in ein Loch zu fallen, kam die Einsicht am höchsten Gipfel Österreichs. Und dennoch macht sie meines Achtens die besten Schupfnudeln der Welt.

Sie sind gebürtige Wälderin?
Marlis Nagele: Ja. Ich bin in Bezau geboren, als eines von neun Kindern, und in der Landwirtschaft aufgewachsen.
Dann war das bis hierher ein weiter Weg?
Marlis Nagele: In Bezau habe ich die Volksschule besucht. Bis zu meinem 20. Lebensjahr war ich jeden Sommer auf der Alm. Ab dem 14. Lebensjahr war ich im Winter als Bedienung in Saisongebieten. Seit meinem 20. Lebensjahr war ich nur noch in der Gastronomie tätig. Mit 23 Jahren habe ich dann geheiratet.

Und ihr Herr Gemahl hat dieses wunderschöne Restaurant mit in die Ehe gebracht?
Marlis Nagele: Nein, nein, am Anfang war das eine Bäckerei. Nach zwei Jahren wollte ich ein kleines Café dazu, und aus dem Café ist dann die Gastronomie geworden.
Aber Sie sind in der Landwirtschaft groß geworden.
Marlis Nagele: Richtig. Gelernt habe ich nichts, die Gastronomie war ein reines Hobby von mir.
Ich nehme an, die Berge haben für Sie eine essentielle Bedeutung.
Marlis Nagele: Vor über fünf Jahren habe ich das Haus an meine Nachkommen übergeben. Da wurde ich dann „bergsüchtig". Ich bin zwar in den Bergen aufgewachsen, aber durch die viele Arbeit hatte ich nicht den Blick für die Schönheit der Berge. Ich musste jeden Tag um halbfünf aufstehen und abends um zehn Uhr ins Bett. Da hat man nicht das nötige Herz, um sich die Land-

schaft anzuschauen.

Wie wird man dann „bergsüchtig"?

Marlis Nagele: Eine innere Stimme sagte mir, dass ich auf den Großglockner muss. Das war am 31. August 1999. Und oben auf der Spitze, da hat es in mir eine Veränderung gegeben, ich weiß nicht genau, was passiert ist, aber es ist etwas passiert. Jetzt sehe ich jeden Berg, jede Blume, jeden Stein anders!

Das klingt nach einer sehr starken Verinnerlichung.

Marlis Nagele: Dadurch hat sich viel in meinem Leben verändert. Seit diesem Tag ist mir jeder Gipfel und sogar die Uhrzeit, wann ich ihn bestiegen habe, in lebhafter Erinnerung.

Und früher?

Marlis Nagele: Ich liebe die Gastronomie und die ganze Arbeit, die dazugehört. Aber früher habe ich unsere Gegend hier nur mit meiner Arbeit verbunden. Ich habe ehrlich gesagt nicht einmal verstanden, warum die Menschen wandern gehen.

Soll alles so bleiben wie es ist?

Marlis Nagele: Jeder ist gern alleine am Berg, aber mich stört es nicht, wenn Betrieb ist. Auch hier bei uns soll mehr los sein. Bei uns sind sich die Menschen nicht bewusst, wie schön es wirklich ist! Ich war auch schon in Japan. Eine sehr interessante Kultur, auch schön, aber wirklich schön ist es bei uns. Das muss ich schon sagen.

Stößt man da in der Unterhaltungsgesellschaft nicht auf Grenzen?

Marlis Nagele: „Bei uns ist nichts los, bei uns gibt es nichts!", höre ich die Klagen. Die Natur alleine muss schon genügen! Steinböcke, Edelweiß und weiß Gott was noch alles ist im Bregenzerwald zuhause. Dieses Bewusstsein muss man bei den Einheimischen wachrütteln!

Wie schaut's mit dem Wasser aus, sind Sie auch ein Bodensee – Mensch?

Marlis Nagele: Der Bodensee ist traumhaft! Ein jedes Mal würde ich gerne am See sitzen bleiben, aber dann zieht es mich doch gleich wieder in die Berge. Am See sitzen kann ich auch noch, wenn ich einmal nicht mehr auf die Berge kann ... .

Und in Holland würden Sie aber die Krise bekommen?

Marlis Nagele: Nein, überhaupt nicht. Weil in diesem Moment sind halt die Dünen schön. Der Natur kann man nicht vorschreiben, wie sie ausschauen soll.

Wie wichtig ist für Sie der so mannigfaltige Dialekt im Wald?

Marlis Nagele: Also den pflegen wir schon hart! Am Dialekt erkenne ich wirklich, wer aus welchem Ort kommt. Der gehört zu uns wie die Landschaft.

Könnten Sie sich vorstellen, Ihre Heimat zu verlassen?

Marlis Nagele: Da hätte ich kein Problem, ich bin da sehr flexibel.

Was hält Sie dann hier?

Marlis Nagele: Ich bin eine komplette Bregenzerwälderin, aber mir fehlt die Wurzel. Mir ist es gleich, wo ich bin – so sehr ich die Gegend hier schätze.

Können Sie versuchen, den Vorarlberger in einigen Wörtern zu charakterisieren?

Marlis Nagele: Wir sind größtenteils zufrieden, vielleicht auch weil unser Land so vielfältig ist. Wir haben leider keine lustigen Lieder wie die Tiroler. Dafür sind wir vom Gemüt her friedlicher. Ich glaube, das liegt an der Kleinheit.

Zur Abwechslung, einige kurze Fragen: wie oft waren Sie in den letzten 365 Tagen schwimmen, wandern und Skifahren?

Marlis Nagele: Schwimmen war ich nie, wandern drei Mal in der Woche und Skifahren immer bis zum Umfallen!

Wenn Sie sich an ihre Kindheit erinnern, wie war das damals, was hat sich verändert?

Marlis Nagele: Ich kann mich nicht beklagen, ich empfinde meine Kindheit als schön. Wir hatten immer einen guten Draht zu unseren Eltern. Das zeigt sich vielleicht auch darin, dass wir neun Kinder unsere Eltern betreuten, als sie pflegebedürftig wurden. Dann kam die Frage von ihnen, ob sie uns nicht zu wenig gegeben hätten. Dabei haben wir soviel Lebenskraft bekommen, und lustig war es obendrein. Die Mama war am

Totenbett sogar noch lustig.
Und heute?
Marlis Nagele: Wir müssen wieder lernen bescheiden zu sein – und nicht gleich klagen. Meine Großeltern sind Bankrott gegangen und haben ihre Kinder verschenkt. Doch meine Mama hat nie darüber geklagt! Die hat uns neun Kinder hochgebracht, dazu noch den Bauernhof und hat dann vor zwölf Jahren, wie sie gestorben ist, eine Rente von 1825 Schilling gehabt. Und trotzdem hat sie gesagt: „Wenn ihr grantig seid, verpfuscht ihr euch das Leben selber!"
Was würden Sie woanders nie machen?
Marlis Nagele: Käsknöpfle und Schupfnudeln zubereiten. Das ist die Bregenzerwälder Hausmannskost, die bringt man schon nicht mehr im Montafon her.
Frau Nagele, ich bedanke mich für das Gespräch.

Marlis Nagele:

Date of birth: 28 February 1945
Place of birth: Bezau
Marital Status: married
Children: 4

Has been working in catering since the age of 14. Over many years, Marlis Nagele and her family turned their bakery into the "Three Kings" restaurant, now one of the most renowned restaurants in Vorarlberg.

Five years ago, Marlis Nagele was having a hard time as she handed over the "Three Kings" to the next generation. But instead of falling into the depths of despair, she had a revelation on the peak of the highest mountain in Austria. And I still think she makes the best Schupfnudeln (a regional speciality) in the world.

You were born in the Bregenz Forest?
Marlis Nagele: Yes, I was born in Bezau. I was one of nine children and grew up on a farm.
Then it must have been a long road to get to where you are now.
Marlis Nagele: I attended primary school in Bezau. Until I was 20, I spent every summer up on the alpine pastures. At the age of 14, I started working as a waitress in tourist areas in winter. I have been in catering since I was 20. I got married at the age of 23.
And your husband's dowry was this wonderful restaurant?
Marlis Nagele: No, no – in the beginning it was just a bakery. After two years I wanted to add a small café, and it then turned into the restaurant. **But you grew up on a farm.**
Marlis Nagele: That's right. I had no special training; the catering business was just a hobby for me.
I suppose the mountains are of great importance to you.
Marlis Nagele: More than five years ago I transferred ownership of the restaurant to my heirs. That's when I became addicted to the mountains. Although I grew up in the mountains, I wasn't really able to enjoy their beauty because of my workload. Every day I had to get up at half past four and go to bed at 10 o'clock at night. I just didn't feel like admiring the landscape.
When did you become an Alpine addict?
Marlis Nagele: A little voice told me to climb the Grossglockner mountain. That was on August 31, 1999. And when I had reached the top, something inside me changed. I still don't know exactly what happened – but something sure did. Now I see every mountain, every flower, and every stone differently.
That sounds like a very powerful spiritual experience.
Marlis Nagele: A lot of things in my life changed after that. Ever since that day, I have been able to clearly remember every peak and even the exact time of day when I reached it.
And before?
Marlis Nagele: I love the catering business and all

the work that goes with it. But I used to associate this place only with my job. Honestly, I couldn't even understand why anybody would want to go hiking.

Do you want everything to stay the way it is now?
Marlis Nagele: Everybody wants to be alone up on the mountains, but I don't mind if there are lots of other people there. I wish it were busier down here too. The people here don't realise how beautiful our country really is. I was in Japan once – most interesting culture, and quite fascinating – but I have to say it's even more beautiful here.

But isn't our entertainment programme rather limited?
Marlis Nagele: I hear people complaining, "It's so boring here; there's nothing to do!" Nature alone ought to be enough! The Bregenz Forest is home to the ibex, the edelweiss and Lord knows what else. You have to wake the locals to the awareness of all this.

What about water? Are you also attracted to Lake Constance?
Marlis Nagele: Lake Constance is wonderful! Every time I sit on the shore I want to stay there, but then I feel the urge to return to my mountains. I'll still be able to sit beside the lake when I can't climb mountains any more.

And you'd probably have a crisis in a country like Holland…
Marlis Nagele: Not at all, because I would enjoy the dunes there. You can't tell nature what it should look like.

What role does the varied dialect in the Forest play for you?
Marlis Nagele: Well, we take great care in using it. A person's dialect tells me exactly which village he or she comes from. It's a part of us, like the landscape.

Could you imagine leaving your home?
Marlis Nagele: That would not really be a problem for me – I'm rather flexible.

What keeps you here then?
Marlis Nagele: I am a true native of the Bregenz Forest, but I don't have strong roots. As much as I like this area, I really don't care where I live.

Could you try to characterise the inhabitant of Vorarlberg in a few words?
Marlis Nagele: We are mainly content, maybe because our area offers such a great variety. Unfortunately, we don't have any merry songs like the Tyroleans. But on the other hand, we have a more peaceful mentality. I think it's the small size of the province.

A few brief questions for a change: How often have you been swimming, hiking and skiing in the last 365 days?
Marlis Nagele: I have never been swimming, but I went hiking three times a week and always skied until I could hardly stand up!

If you look back at your childhood, what was it like then and what has changed?
Marlis Nagele: I have no reason to complain: I remember my childhood as being very nice. We always had a good relationship with our parents. That's also reflected in the fact that all nine of us children looked after our parents when they needed care and attention. Then they would ask us whether or not they had given us enough. The truth is that they instilled us with a lot of vitality, and we also had fun. Mum was quite cheerful even on her deathbed.

And nowadays?
Marlis Nagele: We have to learn how to be modest – and not start complaining immediately. My grandparents went bankrupt and had to give their children away, but my mum never complained about it. She raised nine kids and ran a farm, and when she died 12 years ago, her pension only amounted to 1825 schillings. And despite all that she used to say, "If you're grumpy, you'll ruin your own life!"

What would you never do anywhere else?
Marlis Nagele: Prepare Kaesknoepfle and Schupfnudeln, typical dishes of the Bregenz Forest. They can't even make them properly in the Montafon Valley.

Ms. Nagele, thank you very much for the interview.

Steinmähder, Lech - Rotewand und Braunarlspitze

Widderstein, Warth | Omeshorn, Lech | Karhorn, Lech

Rätikongruppe, Brand | Omes Horn, Lech

Zimba | Drei Türme | Ochsentalergletscher, darüber Silvrettahorn

Laternsertal - Furkapass gegen Bergkamm | Kromertalgletscher, Silvretta Gruppe, Fluchthorn

Steine, Bregenzerach Mündung

130   Berge und Steine | Mountains and Stones

Steine, Bregenzerach Mündung

Bregenzerach | Bodensee Bregenz

Geburtsdatum	12. Februar 1967
Geburtsort	Schruns (Vorarlberg)
Wohnort	Bartholomäberg (Montafon/Vorarlberg)
Persöniches	zwei Kinder
Beruf	Einzelhandelskauffrau, Schirennläuferin, Mutter
Ausbeute	21 Weltcupsiege, Olympiasiegerin Calgary, 1988. Gesamt-Weltcup: 1993 Riesenslalom Weltcupgesamtsieg: 1989/90, 1993/94

Anita Wachter: „Innerlich so richtig herzklopfen."

Um zu Anita Wachter zu kommen, muss man ortskundig sein. Zum Glück sind die Menschen am Bartholomäberg nett und helfen einem gerne weiter. Wie durch Serpentinen winden wir uns zu ihrem Haus empor. Sie erwartet uns bereits mit einem Kaffee. Freundlich, zurückhaltend, wie sie schon als Skiass immer war. Doch konnte ich das ganze Gespräch nie zur Ruhe kommen. Ihre kleine Tochter Amanda kugelte von einem Hügel zum anderen. Die berufliche Risikofreude ist Anita also geblieben. Zum Glück fährt sie nicht mehr Porsche.

Sie sind Vorarlbergerin?
Anita Wachter: Ja. In Schruns geboren.
Welche Bedeutung haben für Sie die Berge?
Anita Wachter: Das ist meine eigentliche Heimat. Jeder Berg ist etwas spezielles, jeder sieht anders aus. Das ist für mich einfach ein Phänomen - und ich liebe sie.

Was fällt Ihnen zu Schnee ein?
Anita Wachter: Schnee ist für mich Freiheit, weil ich mein Leben auf dem Schnee verbracht habe. Und Schifahren bedeutet einfach für mich Freiheit. Ein gutes Gefühl einfach und viel Spaß!
Der erste Schnee fällt, erwacht dann ein anderes Ich?
Anita Wachter: Also das auf jeden Fall. Gerade jetzt im Sommer habe ich oft das Gefühl in mir, wie ich mich richtig freue, wenn es das erste Mal wieder schneit. Und dann bekommt man auch innerlich so richtig Herzklopfen. Mit dem Griff nach den Skiern kommt die Harmonie.
Und wenn der letzte Schilift steht?
Anita Wachter: Ja, das ist in dem Moment ein bisschen traurig, aber ich genieße auch den Sommer.
Für Sie als Skimensch, hat der Bodensee eine Bedeutung?

Anita Wachter: Er ist für mich eine Zufluchtsstätte, wenn ich einmal aus dem Tal heraus will. Und er ist ein Wahrzeichen für Vorarlberg, gehört einfach zu uns.

Sie stehen schon seit wann auf den „Brettln"?

Anita Wachter: Ich bin mit zweieinhalb schon das erste Mal Ski gefahren. Mit sechs Jahren war ich im Skiclub, und ich wollte immer nur Skirennfahrerin werden. Ansonsten: Hebamme wollte ich werden, Kindergärtnerin und LKW-Fahrerin.

Könnten Sie sich vorstellen wo anders zu leben als hier?

Anita Wachter: Für ein paar Jahre, aber für immer möchte ich nicht weg. Es muss nicht immer dort sein wo Schnee ist, aber der Jahreswechsel muss sich schon in der Landschaft abzeichnen.

Versuchen Sie bitte, das Land hier, Ihre Heimat, in einigen Worten zu charakterisieren.

Anita Wachter: Heimat bedeutet für mich Sicherheit, sehr viel Kraft und Energie, die Umgebung, Geborgenheit ist es für mich hier.

Zum Land hier, fällt Ihnen da auch etwas Spezielles ein?

Anita Wachter: Vielfalt. Wir haben alles was wir brauchen in unserem Land. Wir haben Berge, Seen, Ebenen, hügeliges Gelände. Für mich ist es einfach das schönste Land, das ich mir vorstellen kann.

Wie wichtig ist für Sie die Dialektsprache?

Anita Wachter: Wir haben von Kindesbeinen an immer schon Dialekt geredet, außer in der Schule. In den Interviews Hochdeutsch, weil quasi nach Salzburg hat mich niemand mehr verstanden. Ich habe mir einfach gesagt: in der Öffentlichkeit rede ich Hochdeutsch.

Kindheit und heute, da hat sich einiges getan.

Anita Wachter: Damals, als wir aufgewachsen sind, sind wir einfach in der Natur aufgewachsen. Fernsehen und so hat es für uns eigentlich nicht gegeben. Wir sind im Skigebiet aufgewachsen, und da hat es Skifahren gegeben und vielleicht ein bisschen Fußball. Jetzt ist einfach das Angebot für die Jungen enorm.

Hat sich in Ihnen durch den Skizirkus in Ihrer Denkweise was geändert?

Anita Wachter: Man lernt mit verschiedenen Menschen umzugehen, da man einander braucht. Auch andere Kulturen und Esskulturen sind eine interessante Erfahrung. Aber wenn man viel unterwegs ist, freut man sich wieder auf zu Hause, ehrlich.

Kleine Zwischenfrage: Der weiße Porsche vor der Garage, gehört der Ihnen?

Anita Wachter: Der gehört uns.

Und Sie drücken auch aufs Gas?

Anita Wachter: Sehr wenig fahren wir. Dieses Jahr eigentlich nur eine Fahrt von einer Garage zur anderen.

Kann es daran liegen, dass mit einem Kind die Verantwortung kommt?

Anita Wachter: Auf jeden Fall. Wenn man ein Kind hat – eigentlich fängt es schon an, wenn man schwanger ist - aber auch für den Papa, nicht nur für die Frau.

Wie oft waren Sie in den letzten 365 Tagen wandern, im Bodensee schwimmen, und Ski fahren?

Anita Wachter: Wandern etwa 15 Mal. Im Bodensee schwimmen einmal. Ski fahren sieben Mal. Da war nicht die Zeit, wegen meiner Tochter Amanda.

Gibt es für Sie ein Hobby, das Sie speziell an dieses Land bindet?

Anita Wachter: Ich gehe ab und zu fischen, fahre mit dem Mountainbike, aber mich verbindet mit unserem Ländle einfach die Vielfalt..

Für eine Mutter gibt es keinen freien Tag. Wie hat der früher einmal ausgeschaut?

Anita Wachter: Der freie Tag war eigentlich sehr viel Schlafen. Ich habe mich beim Schlafen sehr gut erholt. Einfach relaxen, einfach nichts tun.

Frau Wachter, vielen Dank für das Gespräch.

Anita Wachter:

Date of birth: February 12, 1967 in Schruns, Vorarlberg
Residence: Bartholomaeberg, Montafon Valley, Vorarlberg
Personal: 2 children
Profession: Business owner, ski racer, mother
Record of success: Won 21 World Cup races, Olympic Gold Medal Calgary 1988, Overall World Cup winner 1993, World Cup winner Giant Slalom 1989/90, 1993/94

You have to know your way around Bartholomaeberg in order to find Anita Wachter. Fortunately the locals are very friendly and offer their help. We wind our way up the serpentine road to her house. She is expecting us and has coffee ready. Friendly, yet restrained – the way she was as a champion skier. I, on the other hand, was wound up throughout the entire interview. Her little daughter Amanda was rolling around, from one hill to another. Anita obviously still loves taking risks. Fortunately she no longer drives her Porsche.

You are from Vorarlberg?
Wachter: Yes, I was born in Schruns.
The mountains – what do they mean to you?
Wachter: They are my real home. Every mountain is special; each one looks different. For me that's the real phenomenon. I simply love them.
What do you associate with "snow"?
For me, snow is freedom, because I've spent my whole life on snow. And to me, skiing simply means freedom. It's a great feeling and lots of fun!
Does the first snowfall of the season awaken an alter ego in Anita Wachter?
Wachter: Absolutely. Especially now, in summer, I often think about how excited I'll be the first time it snows. And that's when my heart starts pounding. As soon as I reach out for my skis, everything feels right.
And what happens when the last ski lift closes down (for summer)?
Wachter: Well, then I'm always a bit sad. But of course I also enjoy the summer.
What does Lake Constance mean to you as a skier?
It's a refuge for me, whenever I want to break out of the Montafon Valley. And it's a symbol of Vorarlberg – it's simply a part of us.
When did you start skiing?
I was two and a half when I started. At the age of six I joined a ski club, and I always wanted to be a ski racer. Otherwise, I wanted to be a midwife, a kindergarten teacher and a truck driver.
Could you imagine living anywhere else but here?
Wachter: Maybe for a few years. But I wouldn't want to leave for good. It doesn't have to be a place with snow, but someplace where the landscape reflects the change of seasons.
Please try to characterise Vorarlberg, your home, in your own words.
Wachter: To me, home means security, a source of energy, my neighbourhood where I feel safe.
Do any special thoughts come to mind when you think about this particular province?
Wachter: Variety. We've got everything we need in Vorarlberg: mountains, lakes, plains, hills. It is simply the most beautiful area I can imagine.
How important is the local dialect to you?
Wachter: We have spoken our dialect since we were children – except in school. When I was interviewed, I used proper German, because nobody east of Salzburg would have been able to understand me otherwise. I said to myself: in public, I will use High German.
Childhood and today – a lot has changed.
Wachter: When we were growing up, we were always outdoors, in the fresh air. We really didn't have television or things like that. We grew up in a skiing area, so there was skiing and maybe some football. Kids today have so many things to choose from.
Has the skiing circuit changed you, your way of thinking?
Wachter: You learn how to deal with different

people, because you need each other. Different cultures and different food and eating habits are also interesting experiences. But honestly, when you travel a lot, you look forward to coming home again.

By the way – the white Porsche in front of your garage – is it yours?
Wachter: Yes, it's ours.
So do you step on it too?
Wachter: Hardly ever. We don't drive much. This year only once actually, from one garage to the other.
Could it be that as a mother you feel more responsible?
Wachter: Absolutely. Once you have a child – well, actually it all starts when you know you are pregnant... But that goes for the dad too, not just the mother.
How often have you been hiking, swimming in Lake Constance and skiing in the last 365 days?
Wachter: Hiking around 15 times. Swimming in Lake Constance once. Skiing seven times. There was so little time because of my daughter Amanda.
Do you have a hobby that is particularly connected to Vorarlberg?
Wachter: I sometimes go fishing and mountain biking. But what really ties me to my home is its variety.
Mothers never get a day off. How did you spend your free day in the past?
Wachter: On my days off, I slept a lot. Sleep was the best medicine for me. Just relaxing, doing nothing.
Ms. Wachter, thank you very much for the interview.

Silvretta Nova, Gampabingerberg

Vandans | Speicher-Kops, Ballun-Spitze, Breitspitze (Silvretta Gruppe)

Drei Türme | Schruns mit Tschaggunser Mittagsspitze | Vorder Kapell, Schruns | Schruns | Matschwiz, Tschagguns

Montafon, Schwarzhorn | Silvretta-Nova mit Bergrestaurant Nova Stoba, Burg und Vallüla

Omeshorn, Lech | Lech – Zugertal

Oberlech – Gipslöcher | Klostertal | Sonnenkopf

Impressionen Silbertal | Schattalagand, Brand - Zirbenkopf und Wildberg

Impressionen Bodenseeufer Hard | Lauteracher Ried | Bodensee Hard

Möggers | Möggers

Bregenz Hafen

Impressionen Bregenz Bodenseeufer

160 Schnee | Snow

Bregenzer Festspielbühne | Bregenzer Schwimmbad | Bregenz Fischersteg | Bregenz Promenade

Zirbenwald auf Hochkrumbach, Warth | Kanisfluh, Au

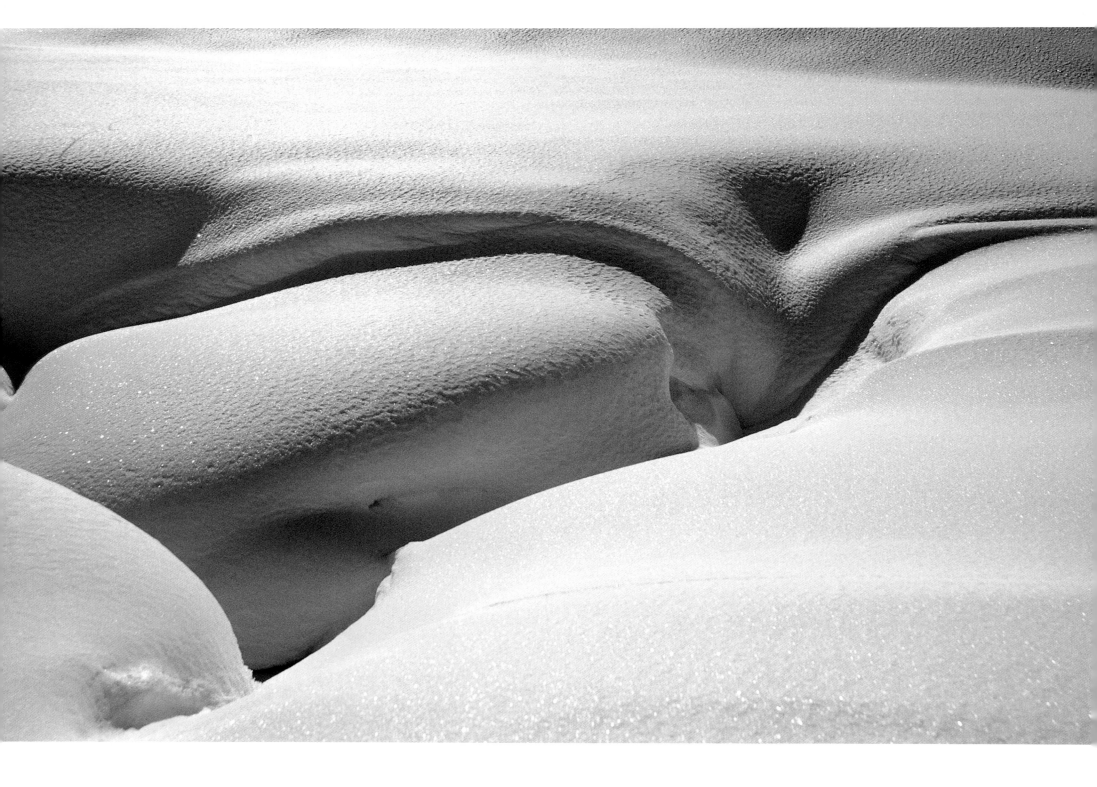

Warth | Sibratsgfäll

Warther Horn und Karhorn | Impressionen Bregenzerwald

Lingenau | Schoppernau

Gschwend, Alberschwende | Lingenau

Künzelspitze, Zitterklapfen | Impressionen Klein Walsertal

174 Bäume und Blumen | Trees and Flowers

Geburtsdatum	16. September 1961
Geburtsort	Feldkirch
Wohnort	Feldkirch
Familienstand	Ledig
Ausbildung	Matura
	Studium: Biologie Uni Innsbruck und Boku Wien
	Promotion: 1991
	Praktika: Wien, Salzburg, London
Lieblingstier	Vom Floh bis zum Blauwal.
Lieblingspflanze	Löwenzahn
Lieblingsstein	Lapislazuli

Margit Schmid: „Auf allen Vieren, mit der Lupe."

Aus der Naturschau wurde die Inatura. Aus den ehemaligen Rüsch-Werken wurde eines der genialsten Museen Europas. Meine Tochter und ich spüren in jeder Stadt die Museen, Tiergärten und Zoos auf. Doch so dufte wie in Dornbirn fanden wir es selten. Ausgestopfte Tiere zum Anfassen, lebendige Koi Karpfen, die einen küssen. Wo gibt es das sonst noch? Dass es das gibt, ist mitunter Dr. Margit Schmids Verdienst. In ihrem eigenen Reich wäre sie eine Arbeitsbiene. Zumindest ein sehr fleißiges Tier.

Frau Schmid, woher kommen Sie?
Margit Schmid: Aus Feldkirch. Dort lebe ich auch.
Für die jüngeren Leser. Wie fängt man am besten an, wenn man Museumsdirektorin werden will?
Margit Schmid: Nach der Hauptschule ging es ins naturwissenschaftliche BORG in Feldkirch. Nach der Matura ging ich als großer Konrad-Lorenz-Fan nach Innsbruck. Ich wollte Verhaltensforschung lernen, unbedingt! Da bin ich gleich im ersten Semester in den Alpenzoo marschiert und habe die Ellen Thaler gelöchert: ich will meine Diplomarbeit in der Verhaltensforschung machen! Die hat natürlich nur gelacht. Aber dann ist es tatsächlich so weit gekommen.
Welches Thema?
Margit Schmid: Der Vergleich bei der Steinbockhaltung zwischen Wildbach Feldkirch und Alpenzoo Innsbruck.
War das Weggehen für Sie wichtig?
Margit Schmid: Ich hätte die Inatura niemals durchziehen können, wenn ich nicht die Museen und die zoologischen Gärten auf der ganzen Welt studiert hätte. Ich habe Praktika in Wien und Salzburg gemacht. Aber ich bin ein Mensch, der mit Heimweh gesegnet ist ... .
Also wieder zurück in die Heimat.

Margit Schmid: Zum einen zieht es mich in die Ferne, von Russland bis nach Amerika, aber nur im Urlaub. Ich muss die Chance haben, wieder Vorarlbergerisch zu hören. Ich musste Biologie studieren, das war mein Traum. Sarkastisch dachte ich mir, ich kann super Schreibmaschineschreiben, dann mache ich halt einen Job als Sekretärin, aber bin so im Lande.

Aber wie man sieht war Ihnen das Glück hold.
Margit Schmid: Ich bin zum Arbeitsamt, als Verhaltensforscherin. Die schickten mich wieder zurück auf die Straße, frei nach dem Motto: „Wer so dämlich ist, Verhaltensforschung zu studieren, soll selber schauen, wie er zu einem Job kommt … .“ Dann bin ich in den Umweltschutz. Dort musste ich Flachmoore und Maisacker bestimmen. Und endlich suchte man nach einem Sachverständigen für die Vorarlberger Naturschau. Hier lernte ich also alles von der Picke auf.

Die Bedeutung der hiesigen Natur muss für sie wesentlich sein.
Margit Schmid: So ist es. Es fängt bei der Geologie an, wo wir eine Nahtstelle zwischen vielen Formationen sind. Das setzt sich fort bis zur Zoologie, und das fasziniert mich ganz besonders. Vorarlberg ist für mich das schönste Land, da es meine Heimat ist. Die Menschen und die Sprache sorgen für den richtigen Mix.

Hat sich aber doch viel verändert in den Jahren Ihrer Ausbildung. Was geht Ihnen ab?
Margit Schmid: Eigentlich nichts. Ich hänge nicht so sehr an dem Vergangenen. Ich sammle schon bewusst, mit Leib und Seele, da bin ich ein Museumsmensch. Aber für mich sind die Veränderungen sehr wichtig. Ich bin nicht ausschließlich auf die Erhaltung fokussiert. Ich glaube, man muss auch in der Landschaft Veränderungen zulassen können. Ich erfreue mich genauso an einer veränderten Landschaft.

Ich stelle die Frage anders. Hat man in den letzten Jahrzehnten nicht auch viel zerstört?
Margit Schmid: Natürlich hat es eine strukturbedingte Zerstörung der Natur gegeben. Aber ich kann das einfach nicht als grundsätzlich negativ empfinden. Mögen mich jetzt auch alle Naturschützer dafür hassen! Veränderung hat ihren Preis, keine Frage. Aber es sind moderne Strukturen entstanden, die unser Leben vereinfachen. Neuer Wohnraum, Straßen zum Beispiel. Es war ein Schritt in Richtung Europa. Wir sind offener geworden und sehen nicht mehr alles im kleinkarierten Raster.

Wie würden Sie dieses Land charakterisieren?
Margit Schmid: Hm … . Klein, aber für mich nicht beengend. Große Vielfalt. Viel Schönheit im Detail. Vorarlberg entdeckt man, wenn man auf allen Vieren mit der Lupe dahinkriecht. Bei unserem Menschenschlag ist es genau so. Auf den ersten Blick sind wir etwas zurückhaltend, aber mit der Lupe betrachtet sind wir sehr liebenswert.

Weil es mich interessiert, was war Ihr erstes Ansinnen als Direktorin?
Margit Schmid: Ich trat mit einem Konzept für die Forschung an. Wir müssen mehr finanzielle Mittel für die Forschung herkriegen. Außer Biotopinventar hat es nicht viel gegeben. Gerade die Zoologie war ein ziemlich weißes Blatt. Uni haben wir keine, also muss man das vom Museum her betreiben.

Wie oft waren Sie im letzten Jahr in Ihrer Freizeit schwimmen, wandern oder Skifahren?
Margit Schmid: Oh je! Vor drei Jahren war ich das letzte Mal im Bodensee schwimmen. Skifahren auch selten, wandern über zehn Mal. Berufsbedingt war ich aber öfter wandern … .

Gibt es den Unterschied freier Tag und Arbeitstag?
Margit Schmid: Großes Problem. Ich kann nicht abschalten. Ich bin auf der Autobahn sogar am Sonntag unfallgefährdet, weil ich an lauter Dinge denke, wo wir nach Lösungen suchen. Zuhause liegt am Nachtkästchen ein Zettel parat. Aber ich fühle mich wohl dabei.

Haben Sie einen Lieblingsplatz?
Margit Schmid: Ich bin am neuen regulierten Rhein aufgewachsen. Das ist mein Platz. Da bin ich mit meinem Pudel hin und her gelaufen. Dort sah ich das erste Mal einen Eisvogel. Die Landschaft ist künstlich, aber sie hat eine Weite, und das gefällt mir.

Was machen Sie sonst in Ihrer Freizeit?

Margit Schmid: Also wenn ich gerade einmal keine Jungtiere aufziehen muss, und von denen bringen uns die Menschen viele, junge Vögel im Frühling zum Beispiel, dann flüchte ich in den Wald, in die Berge. Ruhig muss es sein. Dann habe ich den Laptop mit und schreibe. Futuristische Texte, die kommen mir ganz einfach.
Verschicken Sie auch?
Margit Schmid: Leider viel zu schnell. Fertig und weg damit.
Hatten Sie bereits Erfolg damit?
Margit Schmid: Ich habe beim ORF Drehbuchwettbewerb „Geschichten aus Österreich" den dritten Preis errungen. Das hält bis zu meiner Pensionierung.
Frau Schmid, ich danke für das Gespräch.

Margit Schmid:

Date of birth: 16 September 1961
Place of birth: Feldkirch
Place of residence: Feldkirch
Single
A-levels
Studies: Biology at Innsbruck and Vienna Universities, Graduation in 1991
Internships in Vienna, Salzburg and London
Favourite animal: everything from a flea to a blue whale
Favourite plant: dandelion
Favourite gem stone: lapis lazuli

What was once known as the nature show is now the "Inatura". The former Ruesch factory has become one of the most brilliant museums in Europe. In every city, my daughter and I track down the museums, zoological parks and zoos. But we have rarely seen anything as smashing as the museum in Dornbirn. There are taxidermy specimens that you can touch and living Koi carp that kiss you. Where else could you find this? The credit for these things goes to Dr. Margit Schmid, among others. In her own animal kingdom she would be a worker bee. Or at least a hard-working animal.

Ms. Schmid – where are you from originally?
Margit Schmid: From Feldkirch. That's also where I live.
A question for our younger readers: What should they do if they want to become a museum director?
Margit Schmid: After secondary school I attended a grammar school in Feldkirch which focussed on natural sciences. Then after my A-levels I went to Innsbruck because I was an avid supporter of Konrad Lorenz. I wanted to study behavioural science at all costs. In my very first semester, I walked up to the Alpine Zoo and started pestering Ellen Thaler with my questions: I wanted to write my dissertation in behavioural science! Of course, this made her laugh at the time, but that's exactly what happened later.
What was the topic?
Margit Schmid: A comparative study of how ibices are kept in the zoos in Feldkirch and Innsbruck.
Was going away from here important for you?
Margit Schmid: I would never have been able to organise the "Inatura" exhibition if I had not studied museums and zoological gardens all over the world. I did internships in Vienna and Salzburg. But I am also a person who gets homesick.
So you head for home?
Margit Schmid: On the one hand I feel a strong urge to go away, to Russia or America, but only for a holiday. I have to be able to hear the Vorarlberg dialect again. I had to study biology – that was my dream. When I was being sarcastic I told myself that I could type extremely well, so I could always get secretarial work just to stay in Vorarlberg.
But as we can see, you were lucky.
Margit Schmid: I went to the labour exchange and told them I was a behavioural scientist. They sent me packing and were probably thinking, "If you're dumb enough to study behavioural science, you'll

just have to find a job yourself." Then I worked in environmental protection, designating fens and cornfields, until finally one day they were looking for an expert for the Vorarlberg nature show. I had to learn everything from scratch.

The local natural habitat must be very important to you.
Margit Schmid: Absolutely. Starting with geology, because this area is the interface for many formations. And that continues with zoology, which fascinates me the most. Vorarlberg is the most beautiful place there is because it's my home. The people and the language provide the right mixture.

Still, a lot things changed in the years you were getting an education. What do you miss?
Margit Schmid: Nothing, really. I don't dwell much on the past. I'm a deliberate collector – it's my passion. After all, I'm a museum person. But for me changes are very important. I don't focus solely on conservation. I believe that we also have to allow for changes in our landscape. I can also enjoy a landscape that has been changed.

Let me put it differently then. Haven't we destroyed an awful lot in the last decades?
Margit Schmid: Of course there has been destruction of nature in the course of structural development. But I simply can't see that as basically negative. All the environmentalists may hate me for that now… Change comes at a price, no doubt. But modern structures have evolved which have made our lives easier. New living space or roads, for example. It has been a step towards a united Europe. We have become more open and have stopped being so narrow-minded.

How would you characterise Vorarlberg?
Margit Schmid: Hmm … Small, but for me it's not cramped. A great variety. It's the details that are beautiful. You discover Vorarlberg when you crawl around on all fours with a magnifying glass. It's the same with our mentality. At first glance we seem to be reserved, but when you take a closer look you'll find us very likable.

I'd be interested to know what your first ideas as the director were.
Margit Schmid: I started with a concept that supports research. We must find more funding for research. There has not been much except for an inventory of biotopes. Zoology especially used to be a blank spot on the map. We don't have a university, so we have to organise all this through the museum.

How often did you go swimming, hiking or skiing in your spare time in the last year?
Margit Schmid: Oh dear! I last went swimming in Lake Constance three years ago. Skiing – hardly ever; hiking more than ten times. I go for hikes more often because of my job…

Is there a difference between a holiday and a working day?
Margit Schmid: That's a big problem. I can't seem to forget about work. I am accident-prone on the motorway even on a Sunday, because I keep thinking about things, looking for solutions. At home I keep a notepad on my bedside table. But I still feel okay despite all this.

Do you have a favourite spot?
Margit Schmid: I grew up along the new, controlled Rhine river. That's my spot. I used to run around there with my poodle. That's where I saw a kingfisher for the first time. The landscape is artificial, but it's wide open, and I like that.

What else do you do in your spare time?
Margit Schmid: Well, when I'm not busy raising young animals – and people bring a lot of those to us, young birds in spring for example – then I escape to the woods, to the mountains. It has to be quiet. I take my laptop with me and write things down. Futuristic texts come to me quite easily.

Do you hand them in to publishers?
Margit Schmid: Much too quickly, unfortunately. Done and gone.

Have they been successful?
Margit Schmid: I won third prize in a script competition organised by the Austrian Television entitled "Stories from Austria". That will hold me until I retire.

Ms. Schmid, thank you very much for the interview.

Alter Rhein, Gaissau

180 Bäume und Blumen | Trees and Flowers

Höchst | Lochau | Bregenz | Gaissau

Rappenlochschlucht Dornbirn | Brandnertal

184 Bäume und Blumen | Trees and Flowers

Lochau | Bregenz

Bregenz | Dornbirn Rappenlochschlucht

Naturschutzgebiet Koblach | Klatschmohn | Bärenklau | Kuckucksnelke | Sumpfschwertlilie

Naturschutzgebiet Koblach | Wollgras | Echtes Salomonssiegel (Weisswurz) | Teufelsabbiss | Sumpfgladiole | Sibirische Schwertlilie

Geburtsdatum	24. April 1959
Geburtsort	Lochau im Elternhaus
Studium	1979–1989 Veterinärmedizin, Universität Wien.
Beruf	Tierarzt
	Seit 1989 Praxis für Kleintiere in Lochau. Dr. Andrea Rupp & Dr. Pius Fink
	Die Praxis läuft unter dem Motto: „Die andere Art im Umgang mit Tieren."
Lieblingshunderasse	Dackel
Lieblingskatzenrasse	europäische Hauskatze
Lieblingsvogelart	Hausrotschwänzchen

Andrea Rupp: „Altes Glück und frischer Wind."

Von Frau Dr. Rupp möchte ich gerne auf eine biologische Gemüsesuppe aus ihrem Garten eingeladen werden. Sie dürfte als Bouquet eine interessante Mischung aus dem des 16. Wiener Gemeindebezirks und dem des Lochauer „Wilden Hundes" haben. Darauf bin ich schon gespannt! Abgesehen davon, werde ich mir eine Siamkatze zulegen, die nimmt nicht so viele schlechte Eigenschaften an wie ein Hund.

Frau Dr. Rupp, Sie sind gebürtige Vorarlbergerin.
Andrea Rupp: Ja.
Um Veterinärmedizinerin zu werden mussten Sie in Wien studieren. Gingen Sie gerne fort?
Andrea Rupp: Zuerst war es eine schmerzliche Notwendigkeit die Großfamilie zu verlassen. Vom Bauernhof in die Großstadt, das war schon extrem! Ich wurde aber durch die Eindrücke der Großstadt mehr als belohnt. Erst in Wien bemerkte ich, wie extrem beengt wir hier in der Provinz leben.
Wie, bitte?
Andrea Rupp: Wie wir hier beispielsweise in unserer Gedankenwelt eingekastelt sind - und die Enge ganz allgemein.
Wo in Wien wohnten Sie?
Andrea Rupp: Im 16. Bezirk, in Ottakring. Genaugenommen am Brunnenmarkt.
Dort lebte ich auch einmal, genau zischen 16. und 17. Bezirk. Ist doch ein starkes Kontrastprogramm zu hier.
Andrea Rupp: Die Wiener Zeit war für mich ganz wunderbar. Dieses Kennenlernen der pannonischen Mentalität, dieses Raunzen in der Straßenbahn, im Gegensatz dazu die entspannte Stimmung in den Heurigen. Von dort hab ich soviel Lebenskraft und Lebensbewältigungsstrategien mitgenommen. Aber auch das kulturelle Leben:

Ich hatte eine Tante die Kammersängerin in der Wiener Oper war, das war der Draht zur Kunst. Nie vergessen werde ich die 50 Schilling Stehplatzkarten für eine Opernvorführung!

Das klingt alles sehr farbenfroh.

Andrea Rupp: Ich habe auch gleich am Anfang meinen zukünftigen Mann kennen gelernt. Wir haben die Wiener Zeit gemeinsam erlebt. Ich getraue mich zu sagen, dass dies nach der Geburt meiner Kinder mein größter Schritt in das Leben war. Ich werde auch meine Kinder drängen, in irgendeine Großstadt zu gehen.

War ihre Wiener Zeit mit einem Ablaufdatum behaftet?

Andrea Rupp: Von Anfang an. Kinder wollte ich in Wien keine aufziehen. Wir waren Aktivisten in der Hainburger Au. Die Besetzung, die Hubschraubereinsätze der Exekutive, ich kann mich noch gut an alles erinnern. Und dort hat der Bernd Lötsch den Ausdruck „die Asphaltkümmerlinge" geprägt. Die natürliche Erdung ist in der Großstadt sehr schwierig.

Jedes fünfte Mädchen will einmal Tierärztin werden. Wie sind Sie es geworden?

Andrea Rupp: Das ist ganz banal. Wir haben in Lochau einen Bauernhof gehabt, eine Schweinemast. Meine Mutter war eine unheimlich geschäftstüchtige Frau, sie hatte einen guten Riecher für das Leben. „Du, Tierarzt ist kein schlechter Beruf, den braucht man immer. Jetzt gehst du einmal nach Wien und schaust dir das an!", hat sie mich aufgefordert. Die Atmosphäre hat mir gleich auf Anhieb zugesagt. Bestimmt hat aber die Mutter.

Und die Tierliebe war immer schon groß?

Andrea Rupp: Die Tierliebe kommt auch durch die Arbeit, wenn sie einen ausfüllt. Viel wichtiger sind aber Realitätssinn und ein gewisses Durchsetzungsvermögen. Die reine Tierliebe kann sogar hinderlich sein! Im Studium hat man mit Labor-Tieren zu tun, und die zwei Monate Praktikum vom Schlachthof bis hin zur künstlichen Besamung sind auch nicht ohne.

Hätte ich einen Hund, der würde gerade mal das Kaffeehaus mit den besten Leckerlies finden.

Andrea Rupp: Das ist die lustige Seite ... beängstigend ist, dass viele Haustiere die gleiche Krankheit wie ihre Besitzer haben. Das ist sehr signifikant. Die menschliche Aura ist so stark, dass Hunde zum Beispiel durch ihre Dienstbarkeit mitunter die Fehler der Besitzer übernehmen. „Die Tabletten krieg ich auch", höre ich dann sehr oft. Die Tierbesitzer sind aber dankbar, wenn wir mit ihnen über diese Probleme reden.

Könnten Sie sich vorstellen woanders zu leben?

Andrea Rupp: Wäre kein Problem, nein. Nicht in der jetzigen Phase, wo die Kinder noch in die Volksschule gehen. Aber später sehr wohl. In Lochau zu leben ist ein Privileg, aber es spricht nichts gegen eine Großstadt.

Welche Bedeutung haben für Sie See und Berge?

Andrea Rupp: Heimat, Geborgenheit und schöne Eindrücke. Diese Sommertage, die man am See verbringt, die heben einen aus dem Alltag heraus.

Können Sie das Land hier in einigen Sätzen charakterisieren?

Andrea Rupp: Fleißige Leute, geschäftstüchtige Leute, Ehrenamt, Zusammengehörigkeit. Kulturell und gesellschaftlich einige ganz innovative, spektakuläre Blitze! Spärlich gesäte, meistens frustrierte, aber sehr interessante Menschen.

Hat die dialektreiche Sprache für Sie eine besondere Bedeutung?

Andrea Rupp: Erst seit ich meinem Mann in den Bregenzerwald hineingefolgt bin. Bei uns im Leiblachtal ist das nicht so. Wie im Wald bewusst mit dem Brauchtum umgegangen wird, das wurde mir erst wirklich bei einer Beerdigung in Bezau bewusst.

Gibt es für Sie eine große Kindheitserinnerung, von der sie sich verabschieden mussten?

Andrea Rupp: Dieses unermessliche Gefühl der Geborgenheit in einer Großfamilie. Wir hatten einen autarken Bauernhof, mit allen Tieren, die man sich auf einem Bauernhof nur vorstellen kann. Dazu die ungeheuer mächtige Oma als Matrone, einen großen Garten mit einem Bauerngärtner – ich wurde in solch eine Geborgenheit und Sicherheit hineingeboren, dieses Gefühl kommt das ganze Leben nie wieder.

Hat man diese Zeit gut durchlebt – die Schreckensbücher von Franz Innerhofer gibt es ja auch – kommt man da heutzutage nicht ins Trudeln?
Andrea Rupp: Nein. Es sind andere Zeiten und daher leben wir anders. Die Internationalität zum Beispiel, es ist ja viel hinzugekommen. Ich denke hier pragmatisch: So wie es ist, so ist es. Und wenn man versucht, das Beste aus einer neuen Situation zu machen, wird es den Kindern von heute auch an nichts fehlen.

Was hat sich allgemein geändert?
Andrea Rupp: Wir sind durch die Festspiele zum Beispiel internationaler geworden. Was man da Leute kennen lernen kann! Durch unseren schwäbischen Fleiß sind wir in Summe reicher geworden, und dadurch auch vielen Zwängen ausgesetzt.

Sie sind vom Typus her eine Kämpferin.
Andrea Rupp: Darum bin ich ja so froh über meinen Beruf. Neben einem künstlerischen ist Tierarzt für mich der einzige, wo ich der „wilde Hund" sein darf. Hier walte ich und mache die Dinge so, wie ich sie für richtig halte. Jetzt bin ich in einem Alter, wo ich mir das auch zutraue!

Eine Kurzfrage. Wie oft waren Sie in den letzten 365 Tagen wandern, schwimmen im Bodensee und Skifahren?
Andrea Rupp: Wandern war ich alle zwei Wochen. Im Sommer gehe ich mindestens zweimal in der Woche schwimmen. Skifahren, nur den Kindern zur Liebe, 15 Mal.

Gibt es ein Hobby, das sie an dieses Land bindet.
Andrea Rupp: Vielleicht mein politisches Engagement. Wir haben in den letzten Jahren hier in Lochau sehr viel für Frauen und Kinder erreicht. Aber politisch aktiv wäre ich woanders auch.

Haben Sie hier einen Lieblingsplatz?
Andrea Rupp: Ja. Das ist bei uns daheim, der Garten.

Zwischen Arbeitstag und freiem Tag, gibt es da Unterschiede?
Andrea Rupp: Natürlich. Der Unterschied zum Berufstag erledigt sich mit zwei Volksschulkindern von selbst, da gibt es an freien Tagen eine kindergerechte Freizeitgestaltung. Nicht vergessen kann ich unseren Garten, in dem wir Vieles selber produzieren. Wir sind voll in die ökologische Welle integriert. Wenn Zeit bleibt, lesen wir noch gerne.

Frau Doktor Rupp, ich danke für das Gespräch.

Dr. Andrea Rupp:

Date of birth: April 24, 1959
Place of birth: Lochau, in her parents' house
Studies: 1979–89 Veterinary medicine, Vienna University
Profession: Veterinary surgeon
Since 1989 small animal practice in Lochau.
Dr. Andrea Rupp & Dr. Pius Fink
The mission statement of the surgery reads:
"A different way of treating animals"
Favourite breed of dog: dachshund
Favourite breed of cat: European domestic cat
Favourite bird: domestic redstart

I would really like Dr. Andrea Rupp to invite me for organic vegetable soup from her garden. Its bouquet might be an interesting mixture of ingredients from the 16th district of Vienna and that of the "wild woman" from Lochau. I can't wait! I am also thinking of getting a Siamese cat because they don't develop as many bad habits as dogs.

Ms. Rupp – you were born in Vorarlberg?
Andrea Rupp: Yes.
In order to become a veterinary surgeon you had

to study in Vienna. **Did you like going away?**
Andrea Rupp: It was a painful parting at first, but I knew I had to leave my large family. Going from the farm to the big city was a huge change! But my reward was all the impressions of a major city. It wasn't until I lived in Vienna that I realised how extremely limited life is in this province.

I beg your pardon?
Andrea Rupp: Well, for example the way we are trapped in our narrow world of thought – and how limited it is here in general.

Where did you live in Vienna?
Andrea Rupp: In the 16th district, in Ottakring. On the Brunnenmarkt, to be exact.

I lived there once, too, right between the 16th and 17th district. It is quite a contrast to living here.
Andrea Rupp: The time I spent in Vienna was really wonderful for me. Getting to know the Pannonian mentality, people grouching in the trams... And in contrast, the relaxed atmosphere at the Heuriger, the typical Viennese pub. That's where I acquired a lot of the vitality and strategies that helped me come to terms with my life. But the cultural life too: I had an aunt who was a singer at the Vienna Opera House, and that was my link to culture and art. I will never forget the opera tickets for standing room that cost 50 Schillings!

That sounds rather colourful.
Andrea Rupp: Well, at the very beginning I met my husband-to-be, and we experienced Vienna together. I dare say that apart from giving birth to my children, that was my biggest step in life. I will also urge my children to live in a large city.

Did your stay in Vienna have an expiry date?
Andrea Rupp: From the very beginning, I knew I didn't want to raise children in Vienna. We were even actively involved in the protests concerning the nature reserve in Hainburg. The squatting, the police in helicopters – I still vividly remember all that. That was also where Bernd Loetsch coined the term "the asphalt weaklings". It's very difficult to be centered in a big city.

One girl out of five wants to become a vet. How did you become one?
Andrea Rupp: That's quite simple. We had a farm in Lochau, a pig farm. My mother was an incredibly successful business woman; she had a lot of good common sense. 'Listen, being a veterinarian is not a bad profession – vets are always in demand. Why don't you go to Vienna and have a look at it?' she urged me. I liked the atmosphere from the very start. But my mother called the shots.

And your love of animals has always been great?
Andrea Rupp: Your love of animals also comes with your work, if it is gratifying. But what's much more important are a sense of reality and a certain assertiveness. The mere love of animals can even be a hindrance. During your studies you deal with lab animals, and your two-month internship includes everything from working at the slaughterhouse to artificial insemination, so it's also quite challenging.

If I had a dog, it would just manage to find the café with the tastiest sweets.
Andrea Rupp: That's the fun part of it ... but what's frightening is that most pets suffer from the same illnesses as their owners. That is very significant. The human aura is so strong that dogs, for example, with their subservient attitude, sometimes adopt the weaknesses of their masters. 'Those are the same pills I'm taking,' is something I hear very often. Pet owners are very grateful, however, whenever we talk with them about these problems.

Could you imagine living somewhere else?
Andrea Rupp: That wouldn't really be a problem. But not right now, while my kids are in primary school. But why not some time later? Living in Lochau is a real privilege, but I have nothing against a big city.

What role do the lake and the mountains play for you?
Andrea Rupp: Home, security and wonderful impressions. Those summer days that you spend on the lake really give you a lift and get you out of your daily routine.

Could you characterise Vorarlberg in a few sentences?

Andrea Rupp: Diligent people, business-minded people, honorary offices, unity. Some really innovative and spectacular highlights when it comes to culture and society. Sparsely populated; mostly frustrated, yet very interesting people.

Does the language with its rich dialect have a special meaning for you?

Andrea Rupp: Only since I followed my husband into the Bregenzerwald (forest). It's not like that in the Laiblach Valley, where I'm from. It wasn't until I attended a funeral in Bezau that I realised how conscious people in the Bregenz Forest are of customs and traditions.

Is there a special childhood memory that you had to say good-bye to?

Andrea Rupp: That enormous feeling of security in a big family. We had a self-sufficient farm, complete with all the animals you can imagine on a farm. Factor in our grandmother, an extremely powerful woman and the matron of the family, and a large garden complete with a gardener. I was born into a world of incredible security and safety, and I'll never in my life have this feeling again.

So you survived this period – after all, we all know the horror descriptions in Franz Innerhofer's books – but now isn't there a danger of not being fit for survival today?

Andrea Rupp: No. Times are different now and so we live differently. Take globalisation for example: there is so much more to deal with. I look at it from a pragmatic point of view – that's just the way it is. And if we try to make the best of new situations, the kids of today won't have to miss out on anything.

What has changed in general?

Andrea Rupp: We have become more international, for example through the Bregenz Festival. You get to know so many people there! Through our Swabian diligence we have become wealthier in general, so we also have many obligations.

You're a tough character.

Andrea Rupp: That's why I'm so happy with my profession. Apart from working in culture and art, being a vet is the only job where I can be a real maverick. I call the shots and do things the way I think is right. Now, at my age, I have enough self-confidence to do that.

A quick question: How often have you gone hiking, swimming in Lake Constance and skiing in the last 365 days?

Andrea Rupp: I went hiking every two weeks. In the summer, I go for a swim at least twice a week. Skiing, only for the kid's sake, 15 times.

Do you have a hobby that is particularly connected to Vorarlberg?

Andrea Rupp: Maybe my involvement in politics. In the last few years, we have achieved a lot for women and children here in Lochau. But I would also be politically active somewhere else.

Do you have a favourite spot here?

Andrea Rupp: Yes, our garden at home.

Is there a difference between a holiday and a working day?

Andrea Rupp: Of course. The difference is clear with two children in primary school. During holidays, we gear our spare time activities to the needs of our children. I have to keep up with our garden too, because we grow a lot of our own things. We are part of the ecological trend. If there is any time left, we enjoy reading.

Dr. Rupp, thank you very much for the interview.

Stute mit Fohlen, Luisls-Farm, Höchst | Quaissant-Schafbock | Zuchtviehausstellung, Langen | Schwarzkopfschafe, Krumbach | Schottisches Hochlandrind, gekreuzt

200 Tiere | Animals

Karpatenhirsche, Krumbach | Schottischer Schäfer (Collie) | Karthäuser-Katze, Lochau | Seeadler, Pfänder

Höckerschwäne und Lachmöven, Bregenz Bodensee | Frosch auf Seerosenblatt, Hard

Geburtstag	2. August 1961
Familienstand	ledig
Wohnorte	Bregenz, Hamburg, Wien
Beruf	Musiker vom Chanson bis zum Pop, Journalist, Werbetexter …
Tonträger	u.a. Fräulein Jäger macht Musik; Der Jäger Schon so
Laster	alle

Tschako: „Brodelnde Chemie und Bregenzer Kraftakt!"

Peter Handkes Bühnenstück aus dem Jahre Schnee hieß: „Die Unvernünftigen sterben aus." Noch ist es nicht soweit. Schillernde Menschen da und dort. Der Bregenzer Popmusikant und Paradeegozentriker nennt sich Tschako, manchmal auch Herr Jäger, oder sonst wie. Reagieren tut er auf beide Namen. Falls Sie ihn treffen sollten, nennen Sie ihn doch einfach „realitätsnaher Meister des Irrsinns."

Tschako, wie ich gelegentlich bemerke, bist du gebürtiger Linzer.
Tschako: Ja, richtig.
Wann kamst du ins Ländle?
Tschako: Meine Eltern kamen her, als ich sieben war. Die Schule habe ich bereits in Vorarlberg besucht. Das erste Schuljahr verbrachte ich in Lauterach. Ab dann war alles in Bregenz. Wenn es eine Heimat für mich gibt, dann Bregenz.

Du bist ja nicht immer hier geblieben. Wie wichtig war und ist das Fortgehen für dich?
Tschako: Fortgehen war so wichtig wie heimkommen. Fortgehen bedeutet ja nicht, dass ich zwangsläufig meine Herkunft negiere.
Nicht?
Tschako: Es gibt ja Menschen, die erst einmal zwanzig Jahre hier waren, dann ein halbes Jahr nach Wien gehen, kommen zurück und begrüßen einen mit: „Na heast, Oida, die Provinz is aba net leiwand!" Und genau in diesem Dialekt. Das kann's ja wohl nicht sein!
Und trotzdem muss man gelegentlich weg?
Tschako: So interessant die Menschen hier sind, sie wiederholen sich. Und Wiederholung bedeutet Stagnation. Fortgehen war für mich immer der Versuch, einer Stagnation zu entgehen.
Sind für den Stadtmenschen Tschako See und Berge von Bedeutung?

Tschako: Über die Lebensqualität von Bregenz muss man erst gar nicht reden! Die ist weltweit unter den besten 20. Das kleine Städtchen zwischen Beginn der Alpen und einem der größten Seen Europas – landschaftlich gesehen eine Sensation!

Du sprichst jetzt von Bregenz.

Tschako: Ich könnte nie in Dornbirn oder Feldkirch leben. Das ist nicht persönlich gemeint. Ich möchte auch nicht bei Bregenz sondern nur in Bregenz leben.

Was bringt dich immer hierher zurück?

Tschako: Konservativ gesagt: meine Familie ist hier. Unser Familiensystem ist intakt. Wir sind durch den kreativen Output sehr miteinander verbunden.

Die Mutter auch?

Tschako: Die Mutter hält alles zusammen. Aber auch der engere Freundeskreis setzt sich eher aus dem künstlerischen Milieu zusammen. Da kommt dann schon was Schönes zusammen.

Genügt das auf die Dauer?

Tschako: Man muss sich fragen, ist es schöner König in Bregenz zu sein, oder Edelmann in Mannheim. Die Arbeitsmöglichkeiten für mich sind hier am besten. Die waren allerdings auch zu erarbeiten. Ich bin ja nicht bekannt weil ich eine schöne Nase hab'!

Ist auch eine Frage der Chemie, oder?

Tschako: Machen wir uns nichts vor. In Hamburg gibt's schätzungsweise 30 Tausend Musiker, die meisten spielen auf der Straße oder um 50 Euro in einem Club. Das ist ab einem gewissen Alter sehr ermüdend. Mit Vierzig nervt das. Da hilft dann Regionalität.

Wie wichtig ist für dich die geburtsgegebene Einheit der hiesigen Sprache?

Tschako: Die Sprache ist für mich eher ein Handicap. Als ich herkam, habe ich überhaupt nichts verstanden. Als Kind ist das noch schwieriger als später. Dann habe ich einmal den Dialekt gelernt. Aber durch neun Jahre Wien und fünf Jahre Hamburg – zusammengezählt – besitze ich keine sprachliche Identität mehr. Ich kippe um, von Ort zu Ort.

Welches Gefühl hast du, wenn du einige Monate weg bist, und du hörst während deiner Heimkehr erstmalig wieder diesen markanten und auch sehr faszinierenden Dialekt?

Tschako: Wenn ich zurückkomme, habe ich so etwas wie ein Heimatgefühl. Das geht aber dann nicht in einen provinziellen Habitus über. Provinz und Weltoffenheit finden ja in den Köpfen statt. Eine simple Ansammlung von Millionen, das kann's ja nicht sein, sonst wäre Mexico City der Nabel der Welt.

Versuchen wir einmal das Land hier zu charakterisieren.

Tschako: Vorarlberg liegt zwischen Hamburg und Wien. Wir hier reden Klartext und handeln auch so. Wahrscheinlich die alemannische Lebensart. Ich bezeichne Vorarlberg in seinem ganzen Handeln, Tun und Denken als ausgewogen. Das Potential Vorarlbergs liegt in einer gewissen Normalität, die Spitzen zulässt. Wir sind weit vorn, aber eben nicht unbegrenzt steigerungsfähig. Vorarlberg kann spannend sein, wenn man es selber zulässt!

Vielleicht sind es aber auch die Reibungszonen hier. Die konservative Häuslbauerfraktion hat mitunter ihre Gegenbewegung ins Leben gerufen. Ich denke hier an Flatz!, Gottfried Berchtold, Pauli Renner.

Tschako: Das stimmt. Wobei man sagen muss, die Häuslbauermentalität ist in Bregenz bedeutend geringer als drei Dörfer weiter. Ich will hier nicht verurteilen, aber hier genügen zehn Kilometer und es ändert sich ein Weltbild, zumindest im Ansatz. Die Haltungen hier sind so vielfältig. Sehr einzigartig.

Was hat sich geändert?

Tschako: Früher war alles bedeutend ländlicher, auch katholischer. Mit 13 fand ich den Weg zur Bühne, zur Sexualität und zu den Genussmitteln. Da war schon ein gewisses Befremden da, seitens der Bevölkerung. Heute macht eigentlich schon eher jeder das, was er für richtig hält.

Dreierfrage: Wie oft warst du im letzten Jahr im Bodensee schwimmen, Skifahren und wandern?

Tschako: Im Bodensee schwimmen? Nie. Jahre

Tschako:

Date of birth: August 2, 1961
Marital Status: single
Places of residence: Bregenz, Hamburg, Vienna
Profession: musician (from satirical songs to pop music), journalist, copywriter
Some titles / releases: Miss Jaeger Makes Music, The Jaeger: Schon so
Vices: all of them.

Peter Handke's play from ages ago was called "The Unreasonable Are Dying Out". This has not happened yet. There are enigmatic people everywhere. The Bregenz-based pop musician and prime egocentric calls himself Tschako or sometimes also Mr. Jaeger, or other aliases. He answers to both names. If you happen to meet him, simply call him "Realistic master of paranoia".

Tschako, as I occasionally notice, you are originally from Linz.
Tschako: Yes, that's correct.
When did you first come to Vorarlberg?
Tschako: My parents moved here when I was seven, so I went to school in Vorarlberg. I attended school in Lauterach for the first year, and afterwards in Bregenz. If there is such a thing as home for me, it's got to be Bregenz.
You did not stay here the whole time. How important was and is going away for you?
Tschako: Going away was as important as coming back home. Going away does not necessarily mean denying your origins.
Really?
Tschako: Well, there are some people who first spend 20 years here, then go away to Vienna for six months only to return and greet you with a strong Viennese accent: 'Listen old buddy, this province really sucks.' Can you believe that?
But you still have to leave from time to time?
Tschako: Although the people here are really interesting, they start repeating themselves. And repetition means stagnation. For me, going away has always been an attempt to avoid stagnation.
Does the city person Tschako appreciate the lake and the mountains?
Tschako: There's no doubt about the high quality of life in Bregenz. It ranks among the top 20 worldwide. The little town between the outskirts of the Alps and one of the largest lakes in Europe is a real sensation – geographically speaking.
You are referring to Bregenz.
Tschako: I could never live in towns like Dornbirn or Feldkirch. And I don't mean that personally.

her. Der Bodensee hat für mich was viel Schöneres: ich schaue ihn mir an. Das Land ohne See wäre unvorstellbar. Ich war mein ganzes Leben noch nie wandern, nicht einmal mit der Schule. Bin aber gerne im hochalpinen Bereich. Skifahren geht nicht, wegen dem Berufsrisiko. Mit gebrochener Hand spielt sich's schwer.
Gibt es ein Hobby, das dich an dieses Land hier bindet?
Tschako: Sagen wir einmal so: das was ich in den letzten zehn Jahren gemacht habe, kann ich nur hier machen. Die gegenseitige Akzeptanz ist hier höher als wo anders. Für mich zählen nur zwei Dinge, Ideen und Menschen. Mit wem setzte ich welche Idee um. Und diese Chemie brodelt hier gut.
Ich nehme einmal an, dass es für dich nur einheitliche Tage gibt.
Tschako: Alle gleich. Kein freier Tag. Im Gegenteil: Sonntag ist mein Untag. Absolut schrecklich, nichts hat offen, alles schläft.
Dein Lieblingsplatz?
Tschako: Bregenz Stadt, Molo. Die Eroberung der Stadt in den See.
Lieber Tschako, ich danke für das Gespräch.

Nor would I want to live near Bregenz. Only in Bregenz.

What is it that keeps you coming back?

Tschako: From a conservative point of view – my family is here. Our family unit is intact. We are strongly connected through our creative output.

Including your mother?

Tschako: Mother is the glue that holds everything together. But most of my closest friends are also from the world of artists. And the result is really beautiful.

Is that enough in the long run?

Tschako: You have to ask yourself whether it is better to be a king in Bregenz or a nobleman in Mannheim. The working conditions here are simply ideal for me. But I had to work hard to establish these conditions. After all, it wasn't my beautiful nose that made me famous!

I's also a question of chemistry, isn't it?

Tschako: Let's face it – there must be about 30 thousand musicians in Hamburg, and most of them play in the streets or in a club for 50 euros. That can be kind of tiring once you reach a certain age. And it gets on your nerves at the age of 40. That's when you benefit from regional fame.

The unity of the language here that starts at birth - how important is it for you?

Tschako: The language is rather a disadvantage for me. When I first came here, I did not understand a single word. It's even more difficult as a child than later on. Then I learned the dialect. But after a total of nine years in Vienna and five years in Hamburg, I have lost my linguistic identity. I keep changing, depending on the place.

Let's try to characterise this province.

Tschako: Vorarlberg is located between Hamburg and Vienna. We say what we mean and act accordingly, which is probably the Allemanic way of life. I would call Vorarlberg balanced in thought and action. Vorarlberg's potential lies in a certain normality which allows superlatives.

Perhaps it has to do with these areas of conflict. The conservative league of house builders has started its own counter-movement. I am thinking of personalities like Flatz!, Gottfried Berchtold and Pauli Renner.

Tschako: That's true. But you have to admit that the typical house builder mentality is less significant in Bregenz itself than it is three villages down the road. I don't want to judge anybody, but you only have to travel 10 kilometres to find a different philosophy of life, at least the first signs of it. The attitudes are so varied here... It's really quite unique.

What has changed?

Tschako: In the past everything was more rural; also more Catholic. At the age of 13, I discovered the stage, sexuality and legal drugs. The people here were rather taken aback by that. Nowadays everybody seems to do what they think is right.

Three questions in one: how often have you been hiking, swimming in Lake Constance and skiing in the last 365 days?

Tschako: Swimming in Lake Constance? Never. Years ago. For me, by far the best thing about Lake Constance is being able to look at it. There would be no Vorarlberg without the lake. I have not been hiking in my whole life, not even when I was still in school. But I enjoy being in high alpine areas. Skiing is out of the question: with my job, the risk is too high. I can't play with a broken wrist.

Do you have a hobby that is particularly connected to Vorarlberg?

Tschako: Let's put it this way: what I have been doing for the last 10 years is only possible here. The mutual acceptance is higher here than elsewhere. There are really only two things that are important to me: ideas and people. Who can help me turn which of my ideas into reality? And this is where the chemistry is right.

I suppose every day is the same to you?

Tschako: Yes, they're all the same. No days off. On the contrary: Sunday is my un-day. Absolutely horrible: everything is closed, everybody is asleep.

Your favourite place?

Tschako: Downtown Bregenz, a place called Molo. The town's conquest of the lake.

Tschako, thanks a lot for the interview.

Stadt Bludenz | Denkmal Riedmiller mit Rätikongebirge

Heilig Kreuzkirche mit Rätikongebirge | Fußgängerzone Werdenbergerstraße

Städte | Towns

Fußgängerzone Werdenbergerstraße | Fa. Thurner, Mühlgasse | Schiefes Haus in der Werdenbergerstraße

Stadt Feldkirch | Gaukler Fest | Neustadt

Landes - Konservatorium | Wohnhaus Schertler | Marktgasse, Churertor | Finanzlandesdirektion | Landesgericht

Brunnen Graf Montfort, Neustadt | Rathaus | Grebmerhaus | Schattenburg

Dom, Schattenburg, Katzenturm | Vorstadt von der Illseite

Stadt Hohenems | Israelitisches Armenhaus | Jüdisches Museum | Jüdischer Friedhof

224 Städte | Towns

Rathaus Hohenems | Impression | Palast Hohenems | Palast Hohenems mit Kirche St. Karl

Stadt Dornbirn | Lugerhaus | Lorenz-Rhomberghaus

Gemälde Stadtpfarrkirche St. Martin | Dornbirn Oberdorf | Rotes Haus

Kirchturm St. Sebastian | Freiwillige Feuerwehr Dornbirn

Fachhochschule Vorarlberg, Dornbirn

Rolls-Royce Museum | INATURA

Rappenlochschlucht | Kapelle Ammenegg, Dornbirn

Stadt Bregenz | Bregenz Stadt | Hotel Weisses Kreuz | Wohnhaus Anton-Schneider-Straße | Wohnhaus Kaiserstraße | Hauptpost

Landesbibliothek | Rathaus | Seekapelle | Pircher Haus, Rathausstraße

Bregenz Panorama | Martinsturm | Bregenz Oberstadt | Wohnhaus, Maurachgasse

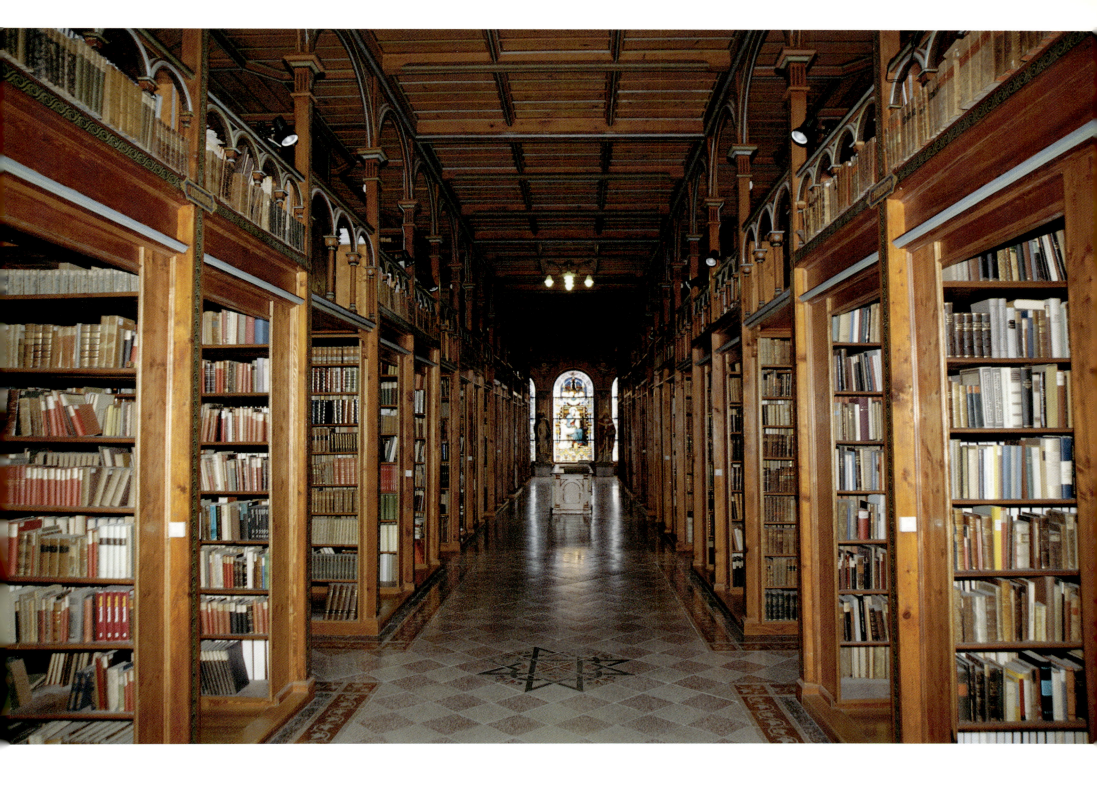

Kloster Mehrerau | Bibliothek Mehrerau

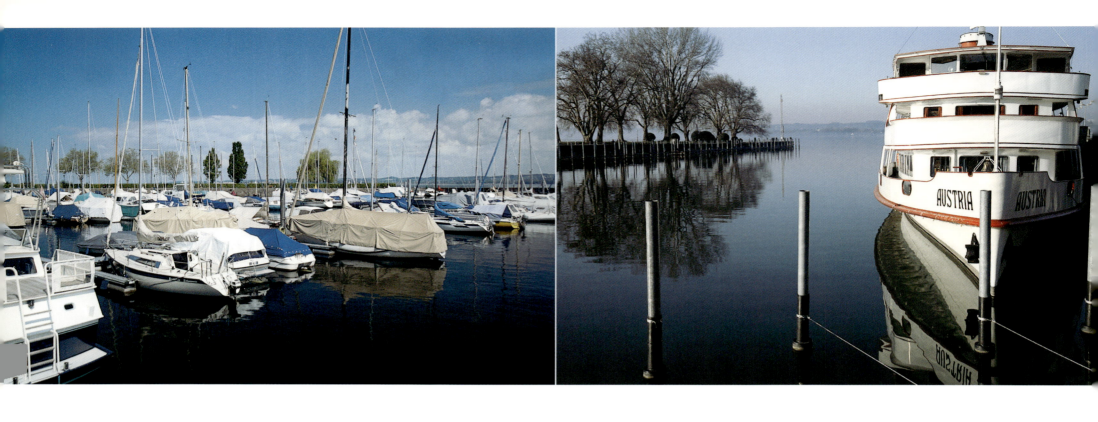

Segelhafen Bregenz | Hafen Bregenz | Wirtshaus am See | Fischersteg

248 Städte | Towns

Bregenzer Festspiele | Maskenball | Der Troubadour | West Side Story | Nabucco | La Bohemé

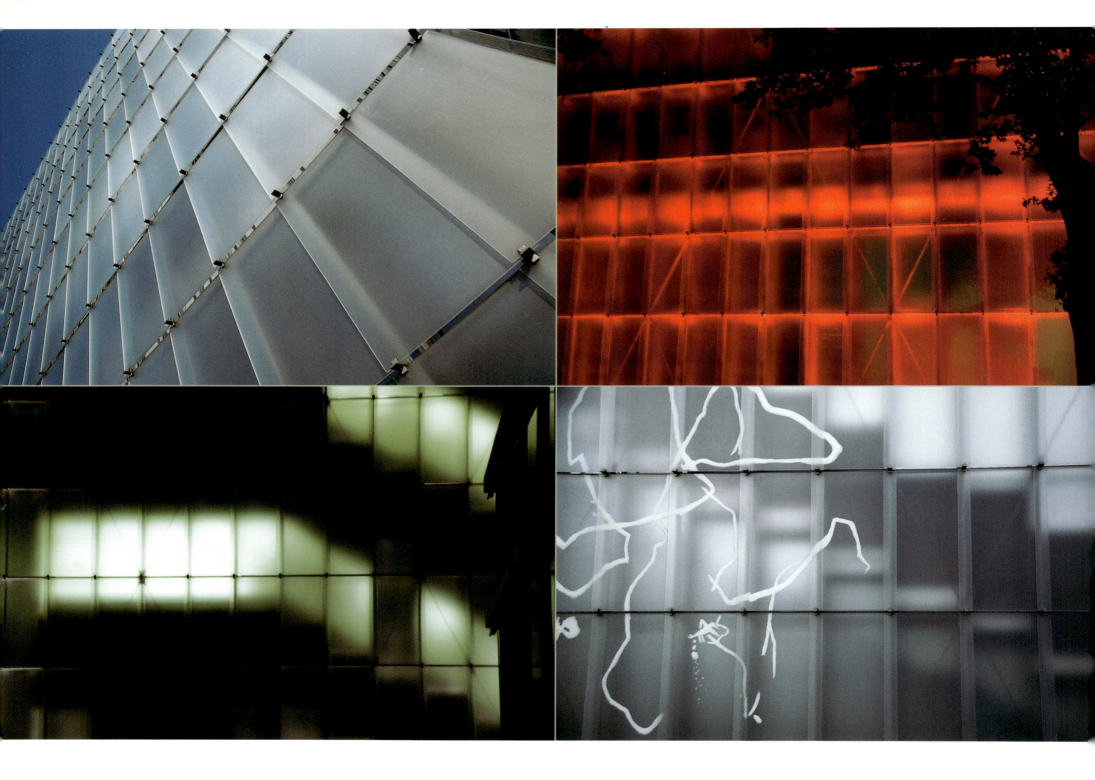

250　Städte | Towns

Kunsthaus Bregenz

Geburtsdatum	15. Januar 1963
Geburtsort	Regina (Kanada)
Wohnort	Rankweil
Einbürgerung	10. Mai 1990
Familienstand	verheiratet, ein Kind
Beruf	Eishockeyspieler
Staionen	u.a. Cowichan-Valley, Regina Pats, (alle Kanada); VEU Feldirch, EC Wien, EHC Black Wings Linz, EC Supergau Feldkirch. Rick Nashheim spielte sowohl im Team Kanada als auch im Österreichischen Nationalteam.
Größter sportlicher Erfolg	der „Silverstone": Klub-Europermeister 1998 als einziger österreichischer Verein in der Geschichte.

Rick Nasheim: „Ich wollte nur für ein Jahr weg!"

Harte Jungs sind meistens stille, vor allem wenn man auf sie persönlich trifft. Die austrokanadische Eishockeylegende Rick Nasheim steht wieder im Sold von Supergau Feldkirch. Der Kreis hat sich also geschlossen. Rick Nasheim ist ein guter Mensch, denke ich mir, und Kinder haben ein feines Gespür dafür. Meine Tochter freundete sich gleich mit ihm an. Sie ist nun Feldkirch-Fan. Sein Geschenk, ein signierter Hockeystock steht stolz in ihrem Zimmer. Gerade ihre Bubenfreunde zeigen sich mächtig beeindruckt von der schon zu Spielzeiten legendären Nummer 16.

Nasheim, das klingt deutsch. Haben Sie deutsche Vorfahren.
Rick Nasheim: Nein, nicht ganz. Mein Urgroßvater Edgar Nasheim wanderte von Norwegen in die Vereinigten Staaten nach Minnesota aus. Wenn ich in Norwegen bin, finde ich auch meinen Namen immer wieder.

Von Minnesota ging es dann über die Grenze nach Kanada.
Rick Nasheim: Mein Großvater ging dann nach Kanada. Mein Vater betrieb dann zwei kleine Supermärkte in Regina, das ist die Hauptstadt der Provinz Saskatchewan. Das ist sieben Stunden östlich von Calgary.

Seit wann sind Sie in Österreich?
Rick Nasheim: Seit 1987. Eingebürgert wurde ich 1990.

Konnten Sie damals schon deutsch?
Rick Nasheim: Ich habe die Sprache hier gelernt. Außerdem bin ich mit einer Vorarlbergerin verheiratet.

Im Mannschaftssport ist das ja nicht unwichtig, wenn alle die gleiche Sprache sprechen.
Rick Nasheim: Ja. Aber lustig ist, dass zu Beginn alle mit mir immer englisch sprechen wollen!

Wie gefällt Ihnen die Landschaft hier. Die Berge, der große See?
Rick Nasheim: Ich komme aus einer sehr flachen Gegend in Kanada, habe daher selten mit Bergen zu tun gehabt. Die Berge in Kanada sind über 1000 Kilometer von meiner Heimat entfernt, und meine Frau braucht die Berge. Das ist mit ein Grund, warum wir hier geblieben sind.
Und der See?
Rick Nasheim: Ich wusste in Kanada es gibt den Lake of Constance. Die Festspiele kannte ich auch. Ob ich ihn mag? Ja schon, aber ich komme kaum nach Bregenz.
Fühlen Sie sich wohl hier?
Rick Nasheim: Wir haben vor drei Jahren ein Haus gebaut, und meine Tochter ist auch drei Jahre. Die wird hier in die Schule gehen. Wir haben uns entschieden hier zu bleiben. Für die Familie sind solche Entscheidungen wichtig.
Wird Ihr Tochterherz zweisprachig erzogen?
Rick Nasheim: Ich spreche nur Englisch mit ihr. Ich sah vorhin die Junioren beim Training. Hat sich da was geändert?
Rick Nasheim: In Saskatchewan ist Eishockey die Nummer eins. Hier gibt es mehrere Sportarten für die Jungen. Aber das Österreichische Eishockey wird von Jahr zu Jahr besser. Seit nicht mehr unbegrenzt Legionäre spielen dürfen, bekommen die Jungen ihre Chance.
War es für Sie wichtig von Kanada rauszukommen?
Rick Nasheim: Ich wollte nur für ein Jahr weg, aber dann habe ich meine Frau kennengelernt ... . Es war eine große Entscheidung, aber ich musste es tun!
In der neuen Welt ist man ja sehr flexibel. Was bedeutet für Sie Heimat?
Rick Nasheim: Meine Heimat wird immer Kanada bleiben. Aber je länger ich hier bin, desto mehr vergesse ich auch das, was ich in Kanada erlebt habe.
Wie schaut es mit den unterschiedlichen Mentalitäten aus?
Rick Nasheim: In Saskatchewan sind die Menschen sehr ruhig, sie kennen keine Hektik. Hier ist mehr Business, kommt mehr auf einen zu. Das ist aber deshalb nicht schlechter.
Die Hektik ist aber sicher auch berufsbedingt, oder?
Rick Nasheim: Natürlich. In Kanada war ich einer von vielen, und hier plötzlich ein gut bezahlter Legionär. Da schauen einem die Menschen doppelt auf die Finger. Einsatz und Leistung müssen einfach passen, das verstehe ich auch.
Ihre Heimat ist Kanada, und Sie leben in Vorarlberg. Wo sind Sie zuhause?
Rick Nasheim: Am Eishockeyplatz! Die Hallen sind alle die gleichen, egal wo man ist. Eis bleibt Eis, eine Saison geht es besser, eine schlechter. In Europa kommen meine Anlagen als Spieler besser zur Geltung. Ich bin laufstark, und hier sind die Plätze größer. Das Eis gehört aber zu unserer Familie. Auch meine Frau ist am Eis zuhause. Sie ist Eiskunstlauflehrerin.
Ihr Kind läuft auch schon Eis?
Rick Nasheim: Ja. Das hat sie in Linz gelernt, wo ich zuletzt spielte. Da war ein Teich bei unserer Wohnung, und dort hat sie ihre ersten Schritte auf dem Eis versucht.
Wie oft waren Sie im letzten Jahr im Bodensee schwimmen, Skifahren und wandern?
Rick Nasheim: Sehr wenig, fünf Mal vielleicht. Skifahren vorletztes Jahr. Wandern war ich letzte Woche mit meiner Familie. Früher, als ich hier anfing, ging mein Trainer Kelly Greenbank mit mir sonntags wandern.
Haben Sie ein Hobby, das Sie mit hier verbinden?
Rick Nasheim: Ja, Golf. Handicap 9. Früher war ich einmal besser.
Was machen Sie in Ihrer Freizeit?
Rick Nasheim: Ich habe ja vier Monate frei. Da mache ich Urlaub, spiele Golf. Wenn ich während der Meisterschaft frei habe, verbringe ich die Zeit mit meiner Familie.
Ihr Lieblingsplatz?
Rick Nasheim: Ich hab das Brandnertal zum Beispiel gerne. Aber um ehrlich zu sein ist es der Eishockeyplatz. Dort verbringe ich mein Leben.
Ihre Sternstunde im Eishockey?
Rick Nasheim: Ich habe Glück gehabt, dass ich nach Europa gegangen bin. Sehr oft spielte ich in

einer Meistermannschaft. Nach Feldkirch auch in Linz. Aber am 25. Januar 1998 holten wir den „Silverstone" nach Feldkirch. Wir wurden Klub-Europameister! Das ist das Größte, was man hier in Europa erreichen kann. Und das hier in Feldkirch.

Ihre Zukunft?
Rick Nasheim: Manager oder Trainer würde mich schon interessieren. In Kanada besuchte ich ja die Universität. Und so habe ich ein fast fertiges Wirtschaftsstudium.

Herr Nasheim, ich bedanke mit für das Interview und meine Tochter sich für den signierten Stock.

Rick Nasheim:

Date of birth: January 15, 1963
Place of birth: Regina, Canada
Residence: Rankweil
Austrian citizenship since May 10, 1990
Marital Status: married, one child
Profession: Ice hockey player
Teams and clubs (among others): Cowichan Valley, Regina Pats (all Canadian), VEU Feldkirch, EC Vienna, EHC Black Wings Linz, EC Supergau Feldkirch.
Rick Nasheim played in both the Canadian and Austrian the national teams.
Greatest achievement: VEU Feldkirch winning the Silverstone Cup (European Club Championship) in 1998 – the only Austrian club in history to do so

Tough guys are often rather quiet, especially when you meet them personally. The Austro-Canadian ice hockey legend Rick Nasheim has once again been signed by Supergau Feldkirch and has thus come full circle. Rick Nasheim is a good guy, I say to myself, and kids in particular seem to have a feel for that. My daughter takes to him immediately. She is now a Feldkirch fan. His present – a hockey stick with his autograph – has a special place in her room. The boys she is friends with are really impressed by the legend wearing number 16.

Nasheim – sounds German. Do you have German ancestors?
Nasheim: No, not really. My great-grandfather Edgar Nasheim emigrated from Norway to Minnesota in the United States. When I'm in Norway, I come across my name all the time.
Then from Minnesota across the border to Canada.
Nasheim: My grandfather moved to Canada. My father ran two small supermarkets in Regina, the capital of the Saskatchewan province. That's seven hours east of Calgary.
How long have you been in Austria?
Nasheim: Since 1987. I got Austrian citizenship in 1990.
Could you speak German then?
Nasheim: I learned the language here. I'm also married to a woman from Vorarlberg.
Speaking the same language is kind of important in a team sport.
Nasheim: Absolutely. But what was fun was that in the beginning everybody wanted to speak English with me!
How do you like the landscape here? The mountains, the big lake?
Nasheim: I come from a very flat area in Canada, so I wasn't really used to mountains. The mountains in Canada were over 1000 kilometres away from my home, but here my wife couldn't live without them. That was one of the reasons we stayed here.
And the lake?
Nasheim: In Canada I had heard of Lake Constance. I also knew about the Festival. Whether I like the lake? I guess so, but I hardly ever get to Bregenz.
Do you feel at home here?
Nasheim: We built our house three years ago, and

my daughter is also three. She will go to school here. We have decided to stay here. These decisions are important for family life.

Is your daughter growing up bilingual?
Nasheim: I only speak English with her.

I was watching the junior team's training session earlier on. Have there been any changes?
Nasheim: In Saskatchewan, ice hockey is the number one sport. Here the kids can choose from various sports. But Austrian ice hockey is getting better every year. Since the number of foreign players has been limited, the young players have a better chance.

Was it important for you to get out of Canada?
Nasheim: Originally I only wanted to leave for one year, but then I met my wife … It was a big decision, but I had to do it!

As we know, people in the New World are very flexible. What does home mean to you?
Nasheim: My home will always be Canada. But the longer I live here, the more I forget about my Canadian experience.

What about the different mentalities?
Nasheim: In Saskatchewan people are very calm; they don't really know what stress is. Here it's more businesslike, there is more you have to deal with. But that doesn't mean it's any worse.

I suppose some of the stress comes with the job?
Nasheim: Of course. In Canada I was one of many, and here all of a sudden I was a highly paid foreign player. People watch you really closely. They expect full commitment and performance – which I understand, of course.

Your home country is Canada, and you now live in Vorarlberg. Where is your real home?
Nasheim: At the ice rink. The stadiums are all the same, no matter where you are. Ice is ice; things go well one season and worse another. In Europe, I can better capitalise on my strengths as a player. I'm good skater, and the ice rinks are larger here. But the ice is a part of my family. My wife is also quite at home on the ice: she teaches figure skating.

Does your child skate already?
Nasheim: Yes. She learned to skate in Linz, where I played last. There was a little pond near our flat, and that's where she took her first steps on the ice.

How often have you been hiking, swimming in Lake Constance and skiing in the last 365 days?
Nasheim: Very rarely, perhaps five times. I last went skiing the year before last. I was out hiking with my family last week. When I first started out here, my coach Kelly Greenbank used to go hiking with me on Sundays.

Do you have a hobby that is particularly connected to Vorarlberg?
Nasheim: Yes, golf. Handicap 9. I used to be better.

What do you do in your spare time?
Nasheim: As I've got four months off during the year, I go on holiday, play golf. When I have a day off during the ice hockey season, I spend it with my family.

What's your favourite spot?
Nasheim: I like the Brandner Valley, for example. But to be honest, it's the ice rink. That's where I spend my life.

Your greatest moment in ice hockey?
Nasheim: It was lucky that I came to Europe. I played in several teams that won the hockey league championship, first in Feldkirch and then in Linz. But on January 25, 1998, Feldkirch won the Silverstone Cup. We became the European club champions. That is the greatest goal that you can achieve here in Europe. And in Feldkirch, of all places!

Your future?
Nasheim: I would be interested in being a manager or a coach. After all, I went to college in Canada, so I have almost completed my business degree.

Mr. Nasheim, thank you for this interview. And my daughter says thanks for the autographed hockey stick.

Intern. Leichtathletik Mehrkampfmeeting Götzis | Bernard Claston, YAM

Hochsprung Damen | 100 Meter Lauf Herren | Siegerin Carolina Klüft, Schweden mit den Siebenkampffrauen | Tom Pappas, USA, Roman Seberle, CZE | Magaret Simpson, GHA

Österreichischer Handballmeister A1 Bregenz | Sebastian Manhart (Kapitän) und Mag. Roland Frühstück (Manager) | CASHPOINT SCR Altach

Abschiedspiel Fritz Ganster | Thomas Rundqist und Bengt-Ake Gustafson - Schweden | Impressionen | Rick Nasheim und Fritz Ganster

264   Sport | Sports

Dr. Werner Pirker, Bogensport | Markus und Peter Scharax, Segeln | Ringen | Karate | Rollstuhlclub ENJO Vorarlberg

Geburtsdatum	21. März 1943
Geburtsort	Graz
Wohnort	Lochau (Vorarlberg)
Familienstand	Verheiratet, zwei Kinder
Ausbildung	Matura, zwei Semester Jus, Hochschule für Musik und Darstellende Kunst, Graz.
Stationen	u.a. Theater für Vorarlberg, Graz, Linz. Zwei lange Engagements in Frankreich
Gastengagements	diverse Tourneen, & Festspiele, verschiedene Festspiele in Schwäbisch-Hall
Lieblingsstücke	Wiener Volkstheater
Lieblingsrolle	u.a. Titus Feuerfuchs

Kurt Sternik: „Absolut wassersüchtig!"

Für mich zählt der Sternik zur Riege der ganz großen Volksschauspieler. Und bei den ganz Großen gebührt es sich, den Artikel vor den Namen zu setzen: „Der Sternik". So auch im nachfolgenden Gespräch beibehalten. Er ist ein Könner und sitzt nicht dieser gefälligen Eitelkeit auf, die nur allzu oft in Arroganz mündet. Sternik der Große, ihm werden diese Zeilen nicht recht sein. Aber: Was's wiegt, das hat's. Und: So schaut's aus!

Kurt, wir zwei haben eine große Gemeinsamkeit, wir sind gebürtige Grazer.
Der Sternik: Ich bin in Graz auf die Welt gekommen. Die Schule, zwei anrechenbare Semester Jus und die Schauspielerausbildung auf der Hochschule hab ich in Graz absolviert. Meine ganze berufliche und menschliche Ausbildung also.
Was doch eine gute Vorraussetzung für das weitere Leben ist, nicht?
Der Sternik: Was eine prächtige Voraussetzung ist, ja.
Nach der Schauspielschule kommt bekanntlich das große Bangen und Zittern: „Wo bekomme ich ein Engagement?"
Der Sternik: Genau. Im spannendsten Jahr 1968 bin ich vom Unterrichtsministerium nach Nancy geschickt worden. Ein Jahr bei Grotovski als einziger deutschsprachiger Schauspieler in einer internationalen Truppe. Da gab es dann ein tolles Festival. Jack Lang hat das damals gefördert, Mitterrands späterer Unterrichts- und Kulturminister. Zur selben Zeit hab ich auch die heiße Zeit in Paris miterlebt.
So mit längeren Haaren und allem was dazugehört?
Der Sternik: Ja, freilich. Das war reines Improvisationstheater. Wir mussten nach den Vorstellungen mit dem Publikum noch einige Stunden

reden. Für meine persönliche Entwicklung war es unheimlich wichtig, es war aber auch wichtig, wieder in den normalen Theaterbetrieb zurückzukehren.

Bregenz ist ja am Anfang gar nicht auf deiner Wunschliste gestanden.

Der Sternik: Das ist ganz witzig. Ich habe mit meinen Bewerbungsschreiben in Tirol aufgehört. Dann hat eine Kollegin von der Schauspielschule in Bregenz Ausstattung gemacht, und die hat mir dann gesagt, die brauchen so einen wie mich … . Das war 1970, zu Beginn der Ära Felix. Da hat alles begonnen.

Das klingt sehr locker.

Der Sternik: Die Anfangsjahre, bis einen die Leute von hier näher kennen gelernt haben, waren schwierig. Kennen sie dich, nehmen sie dich sehr herzlich auf. Nicht so wie bei uns in der Steiermark oder Kärnten, wo sich fremde Menschen zu dir an den Kaffeehaustisch setzen.

Aber du bist ja, sagen wir einmal, ein integrierfähiger Mensch.

Der Sternik: Das ging dann sehr schnell: zuerst kein Verhältnis und schlagartig ein sehr intensives. Aber ich bin ein Ostler geblieben, eigentlich ein Slowene. Mein Vater ist aus Cilli. Da bin ich im Herzen ein Südländer, da läuft ein Teil in mir auf einer anderen Ebene. Ich bin mental einfach oft der Alte geblieben.

Jetzt muss dann bald die Flasche Slibowitz her. Ein Teil meiner Vorfahren kommt auch aus dem heutigen Slowenien.

Der Sternik: Das kriegt man nie mehr weg und macht auch nicht den Versuch. Warum auch?

Klingt nach Heimweh, nicht?

Der Sternik: Ich freue mich irrsinnig, nach Graz zu kommen. Mur und Uhrturm haben ja noch ihren Platz, aber meine Lokale, in denen ich damals war, gibt's fast nicht mehr. Wenn ich nicht die Mutter und zwei, drei Schulkollegen hätte … ich fühle mich von Jahr zu Jahr fremder. Dort war ich einmal, klar, aber die Türen öffnen sich halt nicht mehr so wie früher.

Welche Bedeutung haben für dich als Einwanderer See und Berge?

Der Sternik: Da denke ich primär an die Lebensqualität. Ich wohne hier so wunderbar, dass ich von meinem Fenster aus zwischen Lindau und den Festspielen herumschauen kann. Ich sehe alle Jahreszeiten wie sie sich am See abspielen. Um zwei Uhr in der Nacht, wenn ich nicht schlafen kann, schau ich in den See und denke nach.

Und die Berge?

Der Sternik: Da habe ich als meinen Katalysator den Hund. Wenn ich will, gehe ich hinter das Haus und den Pfändersteig rauf. Ich kann mit ein paar Schritten auf den Pfänder dem Nebel entkommen. In welcher größeren Stadt hab ich das? Wasser und Bergluft? Aber jede Landschaft hat ihre Reize. Wenn ich an meine Südsteiermark denke! Links ist Österreich und rechts damals noch Jugoslawien, und man spaziert einfach zwischen den Grenzen.

Was hält dich abseits deines beruflichen Engagements hier?

Der Sternik: Ich komme von hier gut in die Metropolen. Dann bin ich Monate oder länger weg. Hier hab ich mein Refugium. Mein schönes, überschaubares Zuhause mit all seinen Möglichkeiten. Aber ich bin von Herzen Schauspieler, da zieht es mich auch in die Ferne. Dann wird es mir hier zu klein, sowohl beruflich als auch menschlich. Ich bin eben nicht wirklich 34 Jahre hier gewesen. Ich hab mir das einmal ausgerechnet: über 14 Jahre war ich unterwegs.

Die zentrale Lage spricht ja für Bregenz.

Der Sternik: Wenn ich die Lage von Bregenz und meinem geliebten Graz betrachte, ist Graz einfach der Blinddarm im deutschsprachigen Raum. Wenn einer von Köln nach Graz will, ist das eine Weltreise. Hat einer was in Zürich oder München zu tun, nimmt er Bregenz auf dem Weg mit. Bregenz ist ein interessantes, zentrales, kleines Punkterl geworden.

Aber nach dem Großstadtflash zieht es dich immer wieder zurück.

Der Sternik. Kitschig gesagt, nach einer gewissen Zeit habe ich von der Großstadt wirklich genug, dann wird mir Stück für Stück wieder bewusst, wie schön es hier ist.

Du hast ja hier die große Wende mitgemacht: Von einem sehr konservativen zu einem doch offeneren Land.

Der Sternik: Wie ich hergekommen bin, war ja Vieles unglaublich konservativ. Mit den nahen Grenzen und allem was dazugehört hat es sich extrem geöffnet. Als Neuankömmling fühlte ich wirklich noch den Arlberg als Grenze. Das dahinter war Innerösterreich. Zumindest in Richtung Deutschland und Schweiz spüre ich mittlerweile eine menschliche und kulturelle Öffnung.

Sag einmal, wie oft warst du in den letzten 365 Tagen im Bodensee schwimmen, wandern, oder in den Bergen Skifahren?

Der Sternik: Nicht sehr oft. Ich lass eher meinen Hund schwimmen und schau zu. Wandern natürlich sehr oft, da entdecke ich mit meinem Hund auch ganz neue Wege. Ich war einmal ein sehr guter Skifahrer, hab dann eine arge Verletzung gehabt und musste aufhören.

Ich sehe dich öfters in einem Café sitzen.

Der Sternik: Absolut richtig. Das ist mir aus Graz geblieben. Ich treffe mich mit Leuten, beobachte sie, lese gerne Zeitung, und ich sinniere. Da bin ich dreieinhalb Stunden gesessen, ohne ein Wort zu sagen und hab mir überlegt, ob wir nun doch nochmals einen Hund nehmen sollen. Ich hab schon als Schulbub im Grazer Kaffeehaus viel Zeit verbracht. Dort hat der Vater noch Schach oder Karten gespielt, und ich bin mit einer Frankfurter daneben gesessen.

Sogar im Theater hat man gelegentlich freie Tage. Wie schauen die aus?

Der Sternik: Es gibt die Tage, wo du einfach nichts tun willst, da ist dann die Erschöpfung sehr groß. Ich lasse einen Tag im Kaffeehaus vergehen, nehme ein Buch in die Hand, schau was im Fernsehen läuft oder gehe zu SW oder Victoria auf den Fußballplatz.

Fußball? Vielleicht auch noch ein GAK Fan?

Der Sternik: Ich war immer ein GAK Fan, war aber auch gerne in der wilden Sturm „Gruabn". Heute will ich, dass die Bregenzer gewinnen. Die dürfen nicht absteigen!

Eine dramatische Situation: Stell dir vor, es spielt SW Bregenz gegen den GAK. SW braucht die drei Punkte um oben zu bleiben, und der GAK um Meister zu werden. Ein Unentschieden hilft keinem. Wem drückst du die Daumen?

Der Sternik: Ich glaube für Bregenz. Bin halt doch schon eher ein Bregenzer.

Gibt es neben SW Bregenz noch ein Hobby, das du nicht missen möchtest?

Der Sternik: Jassen, zum Beispiel, ich bin ein begeisterter Jasser! Hab da eine tolle Runde.

Wenn mein Vater dich fotografiert, wo darf das sein?

Der Sternik: Am See natürlich. Ich bin absolut wassersüchtig.

Noch kurz ins Private: Es gibt wunderbare Rollen im Alter, wie lang willst du noch schauspielern?

Der Sternik: Bis der Kopf so deppert wird, dass da nix mehr rein und nix mehr rauskommt.

Lieber Kurt, ich danke für das Gespräch.

Kurt Sternik:

Date of birth: 21 March 1943
Place of birth: Graz
Residence: Lochau, Vorarlberg
Married, 2 children
Education: A-levels, studied law for 2 semesters, College for Music and Performing Arts, Graz.
Engagements: Theatre of Vorarlberg, Graz, Linz, 2 lengthy engagements in France, various tours and festivals, several festivals in Schwaebisch-Hall
Favourite plays: Viennese folk drama
Favourite role (among others): Titus Feuerfuchs

For me, "the Sternik" is one of the greatest actors of folk drama. And he, like all great actors, deserves to be referred to using the definite article in front of his name: "The Sternik". I have kept this form of address in the article that follows. He is an expert, yet has not fallen for the pleasing kind of vanity that all too often turns into arrogance. Sternik the Great – he won't like these lines. But that's the price of fame. And such is life!

Kurt, you and I have something important in common: we were both born in Graz.
The Sternik: Yes, I was born in Graz. I went to school, studied law for two semesters and trained as an actor at the fine arts college in Graz. My whole professional and human education, so to speak.
That's a good prerequisite for one's future life, isn't it?
The Sternik: It is indeed a marvellous pre-condition, yes.
After acting school, actors usually have to start worrying about where to find work.
The Sternik: Absolutely. In 1968, that most exciting year, the ministry of education sent me to Nancy. I spent one year with Grotovski as the only German-speaking actor in an international company. And we then had a grand festival. Jack Lang, who later became Mitterand's minister of education and culture, used to subsidise the festival. At the same time, I experienced those turbulent days in Paris.
Like with long hair and all the rest?
The Sternik: Yes, of course. It was pure improv theatre. And after our performances we had to talk with the audience for hours. That was incredibly important for my personal development, but it was equally important to return to the more traditional theatre.
As far as I know, Bregenz was not originally on your wish list.
The Sternik: That's a funny story actually. I only sent applications as far west as the Tyrol. Then a colleague from acting school who was in charge of set decoration and costumes in Bregenz told me that they were looking for someone like me… That was back in 1970, at the beginning of the Felix era. That's when everything started.
Sounds easy.
The Sternik: The early years – before people around here got to know me better – were tough. Once they know you, they accept you and are very friendly. Not like back home in Styria or Carinthia, where strangers might sit down at your table in a cafe.
But you seem to be a person who – let's say – can integrate quite well?
The Sternik: That happened very fast then. First no relationship, and all of a sudden a very intensive one. Yet I have remained an Easterner, a Slovene actually. My father is from a place called Cilli. So I am also a southerner at heart, and one part of me seems to function on a different level. Mentally I'm simply often my old self.
That calls for a bottle of Slibovitz now! Some of my ancestors also come from what is now Slovenia.
The Sternik: You never get that out of your system; you don't even try to. Why should you?
Sounds like you're homesick.
The Sternik: I am always overjoyed to get back to Graz. The Mur River and the clock tower are still there, but the pubs and bars where I used to hang out are almost all gone. If it were not for my mother and two or three friends from school… I feel more like a stranger every year. Of course that's where I used to live, but doors don't open the way they used to.
For you as an immigrant, what role do the lake and the mountains play?
The Sternik: Well, that's when I primarily think of the high living standard. Where I live is such a wonderful place – from my window I have a grand view of Lindau and the festival area. I can watch the seasons come and go around the lake. At two o'clock in the morning, when I can't sleep, I look out at the lake and let my mind wander.
And the mountains?
The Sternik: That's where my dog is my catalyst. When I feel like it, I go around the house and walk up the Pfaender mountain. I can escape from the fog by taking only a few steps up the Pfaender mountain. What other big city could offer me that? Water and mountain air? But every landscape has its own appeal. When I think of southern Styria… Austria to the left and, in the past, Yugoslavia to the right, and you just walk along the borderline.
What keeps you here – apart from your professional engagement?
The Sternik: I can reach all the big cities so easily from here. Then I am gone for months or even

longer. This is where I have my refuge: my nice, easy-to-manage home with all of its potential. But I am an actor at heart, which means I also get the urge to leave from time to time. That's when this place gets too small for me, both professionally and personally speaking. I really haven't spent 34 years here. I added it up once: altogether I was gone for 14 years.

The central location of Bregenz is one of its attractions, isn't it?

The Sternik: If I compare the geographic locations of Bregenz and my beloved Graz, I have to say that Graz simply is the appendix of the German-speaking area. If you want to get to Graz from Cologne, it's a major trip. If you have business in Zurich or Munich, you have to go through Bregenz on the way. Bregenz has become an interesting, centrally located little place.

But you do feel the need to return after seeing the lights of the big city?

The Sternik: To put it bluntly – I just get sick and tired of the city after a while, and I gradually become aware of the beauty of this place again.

Well, here you have been involved in the big change. From a very conservative to a more open province.

The Sternik: When I first came here, a lot of things were incredibly conservative. With the borders so nearby and everything that goes with it, Vorarlberg has opened up tremendously. As the new guy here, I really saw the Arlberg Pass as the border. Everything beyond it was central Austria. In the meantime I feel Vorarlberg opening up from a human and cultural point of view, at least as far as its relationships to Germany and Switzerland are concerned.

Tell me – how often did you go swimming in Lake Constance, hiking or skiing in the mountains in the last 365 days?

The Sternik: Not very often. I'd rather let my dog go for a swim and watch him. I've been hiking a lot, of course, and I keep discovering new paths with my dog. I was once a very good skier, but then I suffered a bad injury and had to stop.

I often see you sitting in a café.

The Sternik: Oh yes, absolutely. That's a habit I developed in Graz. I meet people, watch them, read the newspaper, and meditate. I once sat there for three and a half hours without saying a word, wondering whether we should get a dog again. I used to spend a lot of time in cafés in Graz when I was still in school. My father used to play chess or cards, and I would sit next to him eating sausages.

Even actors have a day or two off occasionally. How do you spend them?

The Sternik: There are days when I just don't feel like doing anything, when I'm really exhausted. I spend a whole day in a café, reach for a book, check what's on the telly or even go to watch the two local football clubs [SW Bregenz and Victoria Bregenz] play.

Football? Are you a GAK [football club in Graz] fan?

The Sternik: I have always been a GAK supporter, but I also enjoyed going to the football ground of rival Sturm Graz. Today I want Bregenz to win. They must not be relegated to the second division!

A tricky situation: Imagine that SW Bregenz have to play against GAK. Bregenz need all three points to avoid relegation, and GAK needs the points to win the championship. A tie won't help either club. Who would you support then?

The Sternik: I think I would support Bregenz. I seem to already have become a native.

Apart from football, do you have another hobby that you would not want to live without?

The Sternik: Jassen [a local card game] for example. I'm really fond of it. We have a great round of card players.

If my father were to take a picture of you, where would you want him to take it?

The Sternik: On the lake, of course. I am totally addicted to water.

A quick personal question: There are wonderful roles for older actors – how long will you continue to act?

The Sternik: Until my mind is so far gone that nothing goes into it and nothing comes out.

Kurt, thanks a lot for the interview.

Kurt Sternik, Theater am Kornmarkt Bregenz | Martinimarkt Dornbirn mit Bürgermeister Dipl.-Ing. Wolfgang Rümmele

Bregenzerwälder Tracht | Almabtrieb Schwarzenberg | Klostertaler Tracht | Bürser Tracht | Bregenzerwälder Musiktreffen, Buch

Äbtissin M. Agnes Fabianek | Abt Dr. Kassian Lauterer

Susanne Scharax und Alain Mikli, Frankreich | Schubertiade Schwarzenberg, Thomas Quasthof
Stars der Nacht, Schruns, LR S. Stemer, Bgmst Dr. E. Bahl mit Megastar Al Bano Carrisi | Schweizer Bundespräsident Adolf Ogi und LH Dr. Herbert Sausgruber

280 Menschen | People

New Orleans-Festival, Gary Brown | T.E.A.M. Agentur Dornbirn | Benny Bilgeri | Fasching in Bregenz

Geburtsdatum	11. Juni 1955
Geburtsort	Reuthe
Familienstand	geschieden
Kinder	vier
Ausbildung	Studium: TU Innsbruck von 1975 bis 1978, TU Wien: ab 1978
	Promotion: 1982
Beruf	Berufstätig in Wien: von 3/82 bis 3/84, als Architekt im Büro Prof. Ernst Hiesmayr
	Selbständig seit: 1984, Architekturbüros: DI Hermann Kaufmann Ges.m.b.H.
Vorbilder	Klassische Moderne

Hermann Kaufmann: „Alles gerade, alles aus Holz!"

Hermann Kaufmann lebt und arbeitet im selbst entworfenen Haus. So einem Menschen kann man vertrauen. Er ist die Antithese zu der Annahme, dass Architekten bereits ergrauen, bevor sie ihr erstes Haus hinstellen. Unter anderem ist der Bregenzerwälder Mitinitiator der mittlerweile international beachteten „Neuen Vorarlberger Architektur."

Herr Kaufmann, Sie kommen aus dem Bregenzerwald.
Hermann Kaufmann: Aus Reuthe, aus dem Bregenzerwald.
Sehr eigene, aber sympathische Leute kommen von dort. Wie kommt man aus dem Wald raus?
Hermann Kaufmann: Ab meinem elften Lebensjahr bis zur Matura war ich in einem Bregenzer Internat. Ich studierte in Innsbruck und in Wien. Danach arbeitete ich noch zwei Jahre in Wien.

1984 ging ich dann nach Vorarlberg ins Rheintal zurück – habe aber nach wie vor einen sehr starken Bezug zum Bregenzerwald.
So legen Sie auch einen großen Wert darauf, dort was hinzustellen, wo sie herkommen.
Hermann Kaufmann: Im Bregenzerwald sind meine Verwandten, Freunde und Bekannten. Die Leute kennen mich, dort genieße ich eine Art Urvertrauen. Das kann man durch die Arbeit ausbauen.
Aber dennoch, davor mussten sie einmal über den Arlberg.
Hermann Kaufmann: Das war für mich eine essentielle Erfahrung. Im Nachhinein war es die wichtigste Entscheidung, die ich in meinem Leben getroffen habe.
Und dann ging es nach Innsbruck.
Hermann Kaufmann: Genau. Innsbruck war für mich eine Zwischenstation, zwischen Heimat und

Fremde. Nach fünf Semestern wechselte ich nach Wien und bin dort hängen geblieben.

In Wien bleiben viele Vorarlberger hängen.

Hermann Kaufmann: Durch die Distanz zu der Heimat sind mir die Augen in vielen Bereichen einfach aufgegangen. Einerseits konnte ich die Heimat durch den Abstand viel besser einschätzen, andererseits hab' ich durch das Kennenlernen anderer Kulturen persönlich viel profitiert. Dadurch hinterfragte ich meine Abstammung.

Und, was kam dabei heraus?

Hermann Kaufmann: Ein geklärteres Verhältnis zur eigenen Umgebung. Ich hab' viel klarer gesehen, wo hier, in Vorarlberg, die Vor- und Nachteile liegen. Dadurch konnte ich in mir die guten Seiten verstärken und die Nachteile bekämpfen. Dadurch fällt einem die Positionierung leichter.

Können Sie das in einigen Worten präzisieren?

Hermann Kaufmann: Die spezifische Lebenssituation hier wurde mir erst in der Ferne bewusst. Wir haben hier alle Landschaftsstufen, vom Berg über den verdichteten Lebensraum bis hin zum See. Das empfinde ich als sehr positiv. Auch die Lebensqualität ist hier ausgezeichnet. Nur, in gewisser Weise ist hier auch geistige Enge bemerkbar. Die fällt einem in einem kleinen Land, wo jeder einmal mit jedem zu tun hat, schneller auf als in einer Großstadt.

Zogen Sie also bewusst wieder hierher? Sie hätten ja auch in Wien bleiben können.

Hermann Kaufmann: Das Architekturbüro in dem ich in Wien arbeitete, hatte keinen Nachfolger. Die Übernahme wäre denkbar gewesen. Ich kehrte aber ganz bewusst zurück. Ich wollte zu meinen Wurzeln in die Großfamilie zurück. In dieses sich daraus ergebende Beziehungsgeflecht eingebettet zu sein stellte sich für mich als essentiell heraus.

Haben See und Berge für Sie eine innere Bedeutung?

Hermann Kaufmann: Die stärkste Bindung habe ich zu den Bergen. Das ist etwas, das ich in meinem Leben nicht mehr vermissen möchte, besonders im Winter! Da könnte ich niemals weg, absolut indiskutabel! Mittlerweile habe ich auch einen bestimmten Bezug zum See, der ist aber noch nicht so ausgeprägt. Aber trotzdem kann ich von einer Dualität sprechen, die für mich entscheidend ist.

Aber eine gewisse Fremdheit hat der See dennoch, oder?

Hermann Kaufmann: Ich hab den Segelschein gemacht, bin aber noch nie selber gesegelt, sondern nur mit anderen. An Sommerabenden gehe ich oft kurz an den See baden. Aber wenn ich zum Beispiel nachdenken muss, gehe ich in die Berge.

Könnten Sie sich grundsätzlich vorstellen außerhalb Vorarlbergs zu wohnen?

Hermann Kaufmann: Vorstellen kann man sich alles, ich habe aber überhaupt keine Veranlassung darüber nachzudenken, weil ich mich hier sehr wohl fühle. Andererseits bin ich schon auch ein Pendler zwischen den Welten. Im Moment unterrichte ich zwei Tage wöchentlich in München an der TU, halte im Ausland Vorträge, aber der Bezugspunkt bleibt hier.

Ihr Wohlbefinden hängt vermutlich auch mit der „neuen Vorarlberger Architektur" zusammen. Wie hat das alles begonnen?

Hermann Kaufmann: Ich habe die Diskussionen hautnah miterlebt, da mein Onkel als Architekt die ersten modernen Häuser in den Bregenzerwald hineingestellt hat. „Das Haus ohne Vordach, alles gerade, alles aus Holz!", da war sogar in meiner eigenen, sehr liberalen Familie Diskussionsbedarf. Die Diskussion musste aber auch von uns Architekten mitgetragen und initiiert werden, indem man diese Häuser erstmals hinstellt. Da haben die Menschen dann geistig gearbeitet, und so hat sich vieles geändert.

Hängt vermutlich mit der internationalen Reputation zusammen.

Hermann Kaufmann: Genau. Die damaligen Diskussionen führen wir längst nicht mehr. Ganz im Gegenteil! Heute hat die Mehrheit einen Stolz entwickelt, dass sich hier was tut!

Wenn wir gerade bei den Veränderungen sind, was fällt Ihnen zu dem Thema landesbezogen noch ein?

Hermann Kaufmann: Wir lassen mehr zu. Wir sind toleranter geworden.

Der Bregenzer Wald hat ja eine sehr starke sprachliche Färbung. Ist das für Sie wichtig?

Hermann Kaufmann: Das ist zumindest so wichtig, dass ich die eigene Sprache noch nicht verlernt habe. Auf meiner Wanderschaft habe ich ein verwaschenes Hochdeutsch gelernt, wobei ich den Dialekt meiner Heimat noch ziemlich rein spreche. Den habe ich nie verlernt und werde ihn auch nie verlernen. Ob es jetzt Zusammenhalt stiftet oder nicht, ist schwierig – nicht immer sprechen die angenehmsten Leute die eigene Sprache.

Wie oft waren Sie in den letzten 365 Tagen wandern, schwimmen oder Skifahren?

Hermann Kaufmann: Im Winter habe ich ungefähr 25 Skitouren gemacht. Im Sommer war ich 20 Mal wandern, war dabei sicher auf 30 Bergspitzen oben. Skifahren ungefähr 25 Tage. Und auf das alles lege ich großen Wert! Schwimmen war ich heuer nicht so oft, vielleicht zehn Mal.

Haben sie einen Lieblingsfleck in Vorarlberg?

Hermann Kaufmann: Unser Vorsäß in Reuthe, das ist ein wirklicher Wohlfühlpunkt, fast eine Urheimat. Der zweite Punkt ist das Kloster St. Gerold. Dort habe ich die Reithalle gebaut, das ist einer der stärksten und schönsten Punkte in ganz Vorarlberg.

Arbeitstag, freier Tag?

Hermann Kaufmann: Seit den letzten Jahren gibt es wirklich Wochenenden. Da gibt es auch keine hineingeschliffenen Termine. Und die werden dann mit der Familie oder Freunden verbracht.

Sie unterrichten auch. Nährt sich dadurch auch die Vision?

Hermann Kaufmann: Ich unterrichte das Thema Holzbau, aus dem heraus werden sich gewisse Utopien entwickeln.

Architekten bekommen weiße Haare bevor ihre erste Hütte steht. Wann haben Sie das erste Haus realisiert?

Hermann Kaufmann: Das war 1991, mein eigenes Haus. Da war ich in etwa 35.

Herr Kaufmann, ich danke für das Gespräch.

Hermann Kaufmann:

Date of birth: 11 June 1955
Place of birth: Reuthe
Marital status: divorced
Children: 4
University: Technical University of Innsbruck 1975–1978, Technical University of Vienna as of 1978.
Graduation in 1982
Jobs in Vienna: March 1982 – March 1984 as an architect in the office of Prof. Ernst Hiesmayr
Self-employed since 1984: architectural firm DI Hermann Kaufmann Ltd.
The classic modern age serves as the model for his architecture

Hermann Kaufmann lives and works in a house he designed himself. That's the kind of person you can trust. He is the antithesis to the assumption that architects turn grey before they have finished their first house. Among his other achievements, the man from the Bregenz Forest was one of the initiators of the "New Vorarlberg Architecture", which has since received international acclaim.

Mr. Kaufmann, you are originally from the Bregenz Forest.
Hermann Kaufmann: Yes, from Reuthe in the Bregenz Forest.
People from there are rather peculiar but nice. How does one get out of the forest?
Hermann Kaufmann: From the age of 11 until my A-levels I was at a boarding school in Bregenz. I studied in Innsbruck and Vienna and afterwards worked in Vienna for two more years. In 1984 I went back to the Rhine Valley in Vorarlberg, but I still have strong links to the Bregenz Forest.
Is that why it's important for you to build houses in the area you came from?
Hermann Kaufmann: My relatives, friends and acquaintances are in the Bregenz Forest. People know me well and trust me. That's something I can build on through my work.
Still – first you had to cross over the Arlberg pass.
Hermann Kaufmann: That was an essential experience for me. Looking back, I would say it was the most important decision of my entire life.
And then you went to Innsbruck.
Hermann Kaufmann: Indeed. For me, Innsbruck was a stopover between home and foreign parts. I transferred to Vienna after five semesters and stayed on there.
A lot of people from Vorarlberg stay on in Vienna.
Hermann Kaufmann: The distance from home was an eye-opener in many respects. One the one hand it enabled me to get a better idea of Vorarlberg, and on the other hand I benefited a lot from the contact with other cultures. That also made me begin to question my origins.
And what was the outcome?
Hermann Kaufmann: A clearer, better defined relationship to my original surroundings. I could see the advantages and disadvantages of Vorarlberg far more clearly, so I was able to capitalise on my positive aspects and combat my weaknesses. It was therefore easier to position myself.
Could you explain that in a few words?
Hermann Kaufmann: It wasn't until I had left that I became aware of the specific living conditions here. We have all sorts of land forms here, from mountains and densely populated areas to the lake. I find that very positive. And the quality of life is superb. But you also notice a certain narrow-mindedness which, in comparison to a big city, is more noticeable in a small country where everybody has something to do with everybody else sooner or later.
So coming back to Vorarlberg was an intentional move? You could have stayed in Vienna.
Hermann Kaufmann: The architectural firm where I used to work in Vienna did not have a successor, and I could have it taken over, but I deliberately moved back here. I wanted to return to the roots of my large family. Being embedded in the network of relations that resulted from that move turned out to be essential for me.
Do the lake and the mountains have a special importance to you?
Hermann Kaufmann: My strongest relationship is with the mountains. That's something I would not want to live without again, especially in winter! I could never really leave – absolutely out of the question! In the meantime I have developed a certain relationship with the lake, but it's not yet as distinctive. But there's still a duality there, and it is decisive for me.
But there's something strange or foreign about the lake, isn't there?
Hermann Kaufmann: I've got my sailing licence but have never sailed by myself – only with others. I sometimes go for a quick swim in the lake on summer evenings. But when I have some thinking to do, I head into the mountains.
Could you seriously imagine living outside of Vorarlberg?
Hermann Kaufmann: One can imagine anything, but I have absolutely no reason to think about it because I really feel good here. On the other hand, I also commute between different worlds. I currently teach at the Technical College in Mu-

nich two days a week and give lectures abroad, but this is home.

Your sense of well-being seems to be linked to the "New Vorarlberg Architecture". How did it all begin?

Hermann Kaufmann: I heard all the discussions first hand because my uncle was the architect who built the first modern houses in the Bregenz Forest. "The house has no roof over the door, everything is straight, everything made of wood!" – there was a need for discussion even in my own very liberal family. But it was up to us architects to initiate and carry on the discussion by designing and building these houses for the first time. People then had to react mentally and so a lot has changed.

This probably has got to do with your international reputation.

Hermann Kaufmann: Absolutely. We don't have these discussions any longer. On the contrary: Most people are now proud of the fact that there is a lot going on here.

Speaking of changes – what else comes to your mind when we talk about changes in Vorarlberg?

Hermann Kaufmann: We are more permissive. We have become more tolerant.

The Bregenz Forest has a very strong linguistic tinge. Is that important for you?

Hermann Kaufmann: What is still important is that I have not yet forgotten my own language. During my years of travel I adopted a wishy-washy high German, but I still speak a rather pure dialect from home. I have never unlearned this dialect and never will. Whether it creates solidarity or not is difficult to say, really – it's not always the nicest people that speak your own language.

How often have you gone hiking, swimming in Lake Constance and skiing in the last 365 days?

Hermann Kaufmann: I went on approximately 25 ski hikes in winter. In summer I was out hiking 20 times and must have climbed 30 peaks. Downhill skiing on approximately 25 days. And that is very important to me! I have not gone swimming that often this year, maybe ten times.

Do you have a favourite spot here in Vorarlberg?

Hermann Kaufmann: Our alpine pasture in Reuthe. That's a place of total well-being, almost like an original home. The second spot is the monastery in Saint Gerold. I built the riding hall there; it's one of the most powerful and beautiful places in Vorarlberg.

Working day, holiday – is there a difference?

Hermann Kaufmann: For the last few years I have had some real weekends, with absolutely no appointments whatsoever. And those I spend with my family or with friends.

You are also a lecturer. Does teaching nourish your vision?

Hermann Kaufmann: The topic I lecture on is timber-frame construction. A lot of utopian ideas will certainly develop out of that.

They say architects turn grey before they have finished their first hut. When did you build your first house?

Hermann Kaufmann: Back in 1991 – my own house. I was 35 then.

Mr. Kaufmann, thank you very much for the interview.

Wohnhaus in Reuthe

Wohnhaus in Bregenz

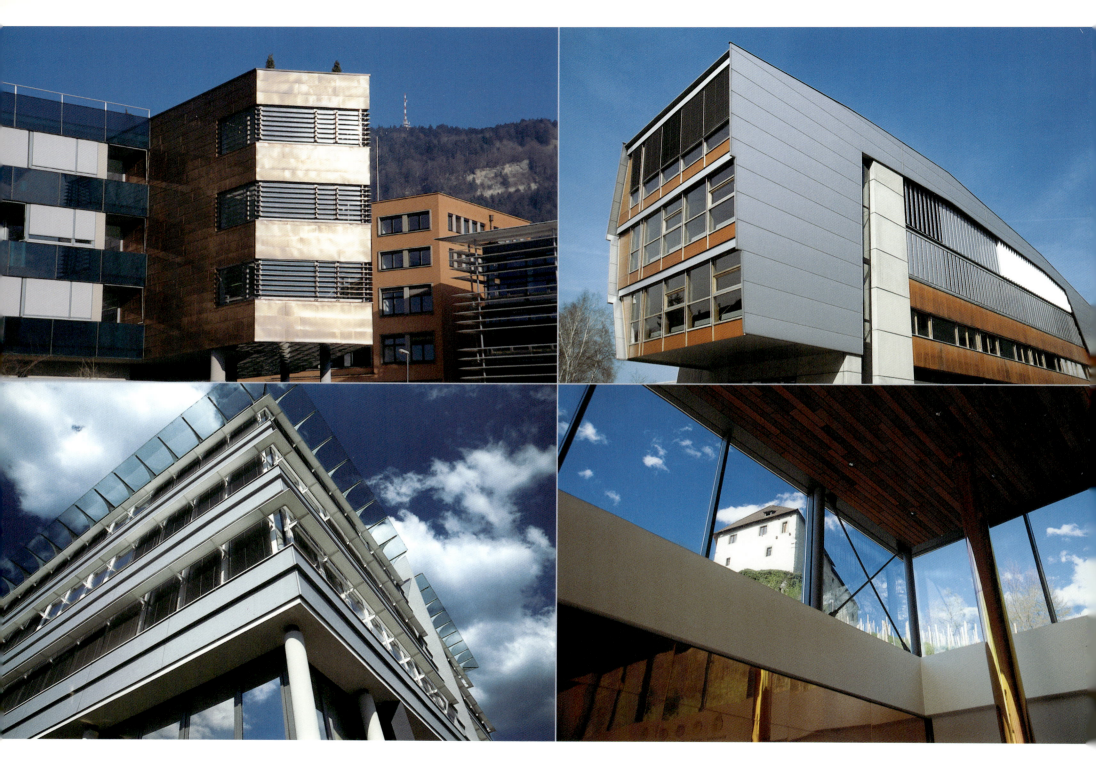

Bregenz | Otten Hohenems | Competence Center Dornbirn | Braugaststätte Rössle Park Feldkirch | Hauptschule Klaus

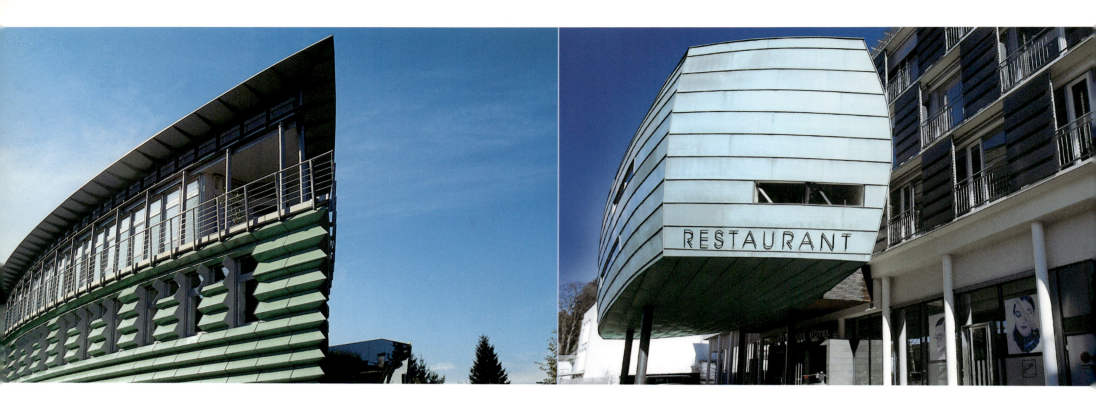

Rathaus Hard | Martinspark Dornbirn | Wohnhaus Dornbirn | Wohnhaus Lustenau

Wohnhaus Dornbirn | Wohnhaus Wolfurt | Gemeinde Möggers | Gymnasium Mehrerau | Wohnhaus Lochau

Rotes Kreuz Feldkirch | Wohnhaus Wolfurt | Hörbranz | AmBach Götzis

Probebühne Festpielhaus Bregenz | Zima Dornbirn | HTL Bregenz | Eurospar Bregenz | UNIQA Bregenz

Geburtsdatum	31. März 1959
Geburtsort	Bregenz
Wohnort	Lochau (Vorarlberg)
Familienstand	Verheiratet, drei Töchter
Ausbildung	Matura, Studium Physik und Mathematik, Innsbruck, Wien
	1984–1985 Max Plank Institut, München
Beruf	1985–1997 Siemens München, Singapur,
	1992–1996 Asien: Aufbau von F&E für Siemens Halbleiter,
	seit 1997 Vorarlberg / Lustenau: Gründer und Vorstandsvorsitzender NewLogic
	NewLogic: Internationales Unternehmen der Mikroelektronik

Hans-Peter Metzler: „Vorarlberg, Asien und zurück!"

Ich komme an die Peripherie Lustenaus, mir strahlt der Glaspalast von NewLogic entgegen. Ich betrete das Gebäude und in mir manifestiert sich das Gefühl, einen Schritt in die Zukunft gemacht zu haben. Matrix, Terminator und Co. bekommen sehr plötzlich einen realen Anstrich. „Wir erzeugen hier Ideen, sind Architekten von Mikrochips, eine reine Denkwerkstatt", verrät mir Mastermind Hans-Peter Metzler. Im Hintergrund plätschert ein überdimensionaler virtueller Wasserfall. Alles ist möglich.

Herr Metzler, Sie kommen ursprünglich aus Lochau?
Hans-Peter Metzler: Ich bin Lochauer, in Bregenz geboren, aber aufgewachsen in Lochau.
Sie haben in Ihrer Eingangshalle einen simulierten Wasserfall installiert. Nur zur Beruhigung?
Hans-Peter Metzler: Lochau liegt am Bodensee. Daher spielt Wasser für mich schon immer eine große Rolle. Aber auch vom Ruggbach in Lochau her, da gibt es einen Wasserfall. Dieses Wasserfallgeräusch ging mir erst ab, als ich wegging. Ich war ja viele Jahre in Asien: dort spielt Wasser auch eine große Rolle.
Und so kam das Wasser in ihre Firma?
Hans-Peter Metzler: Ich plante das Haus hier damals mit, dabei fiel mir ein Widerspruch auf: zum einen brauchen wir hohe Sicherheit, da hier wertvolle Daten sind – was immer „wertvoll" heißen mag – zum anderen muss eine Transparenz signalisiert werden, sodass man das Gefühl hat, es blockiert im Sinne von Hierarchie oder Grenzen nichts. Ein durchsichtiger Tresor, wenn Sie so wollen. So kam ich auf den Wasserfall.
Wenn wir gerade dabei sind, warum Asien?
Hans-Peter Metzler: Ich bin nach Asien und nicht nach Amerika, da Amerika eine Untermenge von

Europa ist. Wir müssen uns nicht kulturell auf Amerika reduzieren. Zu uns ist Asien komplementär. Ich bin ja im Positiven gesehen neugierig. Und Asien war eine Bereicherung. Vor allem die Urwerte sind dort manifester.

Das klingt alles sehr flockig. Mich würde ein konkretes Beispiel interessieren.

Hans-Peter Metzler: Ganz einfach. Das westliche Konzept besteht aus einer sonderbaren Dualität: es kann nur jemand gewinnen, wenn ein anderer verliert. Das ist schon rein mathematisch unnatürlich! Nach einem Geschäft sollen alle Beteiligten als objektive Gewinner auseinandergehen. In Asien arbeitet man auch mehr in einem Netzwerk. Großfamilien, Freunde, Gleichgesinnte. Jeder Knoten im Netz weiß, warum er ein Knoten ist.

Nach Asien kommt man nicht von heute auf morgen, wie hat alles begonnen?

Hans-Peter Metzler: Ich bin von Innsbruck nach Wien und von dort nach München. Ich bin gelernter theoretischer Physiker und Mathematiker. Mein größter Wunsch war an das Max Plank Institut zu kommen. Das war die einzige Enttäuschung in meinem Leben. Das war so trivialisiert, hat funktioniert wie ein Finanzamt, eine Behörde. Und ich bin das Gegenteil: wenn man genau schaut, merkt man, dass nichts so klar ist, wie es auf den ersten Blick ausschaut. Je mehr man sieht, desto mehr Fragen hat man. Zum Glück bin ich dann zu Siemens gekommen. Die haben damals viel Geld in die Erforschung von Mikrochips gesteckt.

Gehen wir zurück in ihre Kindheit oder Jugend. Welches Erlebnis hat sich da eingeprägt?

Hans-Peter Metzler: Als ich im Bundesgymnasium in Bregenz war, gab's noch die Gulaschbrücke. Da sind wir in der Mittagspause auf die Gulaschbrücke und haben den Zügen nachgeschaut. Wohin gehen die? Der Bregenzer Bahnhof war damals für mich wie ein internationaler Flughafen.

Sie gingen gerne weg von hier, nehme ich an.

Hans-Peter Metzler: Genau! Ich kenne kein Heimweh, nur Fernweh. Noch heute plagt mich Fernweh. Darum liebe ich das Internet, dort schau ich in der Google fremde Länder, Inseln, Berge an. Weggehen ist für mich elementar. Man müsste die Menschen verpflichten für ein Jahr wegzugehen. Weggehen hilft die Dinge klarer zu sehen, sich selber zu entdecken.

Die klare Sicht findet man auch auf Bergen vor - sind die für Sie wichtig?

Hans-Peter Metzler: Sie haben eine Bedeutung wie die Luft. Wenn Sie fehlen, spüre ich sie, wenn sie da sind, spüre ich sie nicht. Aber bitte nicht so wie in Innsbruck! Als Lochauer, Bregenzer, brauche ich auf einer Seite freie Sicht, wenn möglich bis zum Horizont. Man erahnt und sieht am Bodensee die Erdkrümmung.

Warum sind Sie aus Asien zurückgekommen?

Hans-Peter Metzler: Da fehlt mir eigentlich die Antwort, das war nicht einfach eine Idee. Es war eine bestimmte Verkettung von Umständen. Mein Freund und ich hatten vor, diese Firma, in der wir nun sitzen, in den USA zu gründen. Dann schied mein Freund aus privaten Gründen aus, und gleichzeitig kam eine Delegation von Vorarlberg nach Singapur. Da kam die Idee auf, es hier zu machen. Im selben Atemzug lehnte ich ab, doch schnelle Antworten verunsichern. Und so kam es dann doch dazu.

Wie sehen Sie dieses Land?

Hans-Peter Metzler: Grundsätzlich traditionell. Doch Vorarlberg ist offener und fortschrittlicher als man das erwarten würde. Ich habe Mitarbeiter aus 17(!) Nationen, die fühlen sich wohl hier. Wir haben hier einen der ganz, ganz seltenen Plätze in Österreich, wo es das Beisammensein von Naturlandschaft und urbanen Strukturen gibt. Das Rheintal ist eine Stadt, ein großes zusammengewachsenes Dorf. Fast wie in L.A.: dort hast du Farmen und daneben die Zentralen von milliardenschweren Konzernen. Wir haben hier auch ein paar Weltmarktführer, und daneben grasen die Kühe im Naturschutzgebiet.

Andere Vorarlberger sprechen von einem Identitätsloch. Die bleiben lieber in Wien oder München.

Hans-Peter Metzler: Wir überleben leichter in einer Welt, wenn wir bereit sind überholte Identiäten aufzugeben, wenn sie störend oder hinderlich sind. Menschen, die Österreich als Insel sehen, sind mir fremd. Ich kann auch mit den regionalen Identitäten nicht soviel anfangen. Wir haben es auf Grund der wirtschaftlichen Stärke geschafft, Fremde zu assimilieren. In Großstädten haben sie damit massive Probleme. Durch die Zuwanderungen bleiben wir offen und beweglich.

Herr Metzler, was hat sich in den Jahren verändert?
Hans-Peter Metzler: Als ich jung war, arbeiteten viele Vorarlberger im benachbarten Ausland. Heute kommen Grenzgänger von Deutschland und der Schweiz zu uns arbeiten! Was hat sich geändert? Ich habe früher die Speisekarte von rechts nach links gelesen, heute lese ich sie von links nach rechts.

Und nach wie vor kreist der Mond um die Erde.
Hans-Peter Metzler: Als ich noch studiert habe, wollten Kollegen und ich Teile des Mondes absprengen, damit er aus der Umlaufbahn fliegt und der Mensch wenigstens eine Spur in diesem gigantischen Universum zurücklässt. Heute arbeite ich gerne mit Menschen zusammen und versuche sie von anderen Ideen zu überzeugen.

Erlauben Sie mir noch eine persönliche Frage. Wie schaut unsere Zukunft aus?
Hans-Peter Metzler: Wir bewegen uns als Lebewesen in einem kleinen Teil des Universums in eine interessante Richtung. Das macht Spaß und gleichzeitig bescheiden. Die Phantasie beeinflusst ja die Erkenntnis und die Erkenntnis die Phantasie.

Zuvor müssen wir noch kurz auf den Boden. Gibt es ein Hobby, das sie mit dem Land hier verbindet?
Hans-Peter Metzler: Ja. Ich bin Präsident der Freunde der Bregenzer Festspiele. Aus Liebe zur rechten Gehirnhälfte. Aber auch weil die Wirtschaft die Kunst als wichtiges Lebenselement fördern muss.

Unterschied freier Tag, Arbeitstag. Gibt es den?
Hans-Peter Metzler: Eigentlich nicht.

Verraten Sie mir noch Ihren Lieblingsplatz?
Hans-Peter Metzler: Ja, Schönebach im Bregenzerwald.

Zum Abschluss meine letzten drei Fragen. Wie oft waren Sie im letzten Jahr schwimmen im Bodensee, Schifahren und wandern.
Hans-Peter Metzler: Schwimmen im Bodensee etwa 20 Mal. Wandern 10 Mal. Skifahren zwei Wochen.

Herr Metzler, ich danke für dieses Gespräch.

Hans-Peter Metzler:

Date of birth: 31 March, 1959
Place of birth: Bregenz
Residence: Lochau in Vorarlberg
Married, 3 daughters
A-levels, studied physics and mathematics in Innsbruck and Vienna
1984–85 Max Plank Institute, Munich
1985–1997 Siemens, Munich and Singapore
1992–1996 Asia: Setting up F&E for Siemens Semiconductors
Since 1997 Vorarlberg, Lustenau: Founder and Chairman of the Board of Directors of NewLogic
NewLogic: International company in microelectronics

As I approach the outskirts of Lustenau, the NewLogic glass palace gleams at me. I enter the building and get the definite feeling that I have just taken a step into the future. The Matrix, The Terminator and the like suddenly become very real. "We produce ideas here. We are microchip architects, a pure think tank," explains mastermind Hans-Peter Metzler. In the background I can hear the splashing sound of a huge virtual waterfall. Anything is possible.

Mr. Metzler, you're originally from Lochau?
Hans-Peter Metzler: Yes, I am. I was born in Bregenz but grew up in Lochau.

You have installed a virtual waterfall in your entrance hall. Was that just for its calming effect?
Hans-Peter Metzler: Lochau is situated on Lake Constance, so water has always played an important role in my life. That also includes the Rugg creek in Lochau with its waterfall. I didn't realise I missed the sound of a waterfall until I went away. I spent a lot of years in Asia, where water also plays an important role.

And that's how the water came into your company?
Hans-Peter Metzler: While I was helping to plan this building, I became aware of a contradiction: On the one hand, we need a high level of security because there is valuable data here – whatever "valuable" means – and on the other hand we have to signal transparency so that you have the feeling that nothing stands in your way like hierarchy or boundaries. A see-through safe, if you will. That gave me the idea of a waterfall.

While we're on the subject, why did you choose Asia?
Hans-Peter Metzler: I went to Asia instead of America, because America is a subset of Europe. We don't have to reduce ourselves culturally to American standards. Europe and Asia complement each other. I am a curious person in a positive sense, and Asia was a real enrichment. The original values manifest themselves more strongly there.

That all sounds a bit vague. I'd be interested in a concrete example.
Hans-Peter Metzler: It's quite simple. The western concept consists of a strange duality: you can only win if somebody else loses. From a mathematical point of view, that is rather unnatural. When a deal is concluded, all the participants should actually leave as winners. In Asia people also work more in a network: large families, friends, like-minded people. Each knot in a network knows why it is a knot.

Going to Asia is not a spur-of-the-moment decision. How did it all come about?
Hans-Peter Metzler: I went from Innsbruck to Vienna, and from there to Munich. I trained as a theoretical physicist and mathematician. My greatest wish was to join the Max-Planck Institute, and it was the only disappointment in my life. It had become so trivial...it worked like a tax office, a bureaucracy. And I am just the opposite. If you take a good look, you'll realise that nothing is as clear as it might appear at first sight. The more you see, the more questions you have. Luckily I then moved to Siemens. At the time they were investing a lot of money in micro-chip research.

Let's go back to your childhood or youth. Which event has left a deep impression?
Hans-Peter Metzler: When I attended grammar school in Bregenz, the so-called "goulash bridge" was still there. We used to spend our lunch breaks at this bridge, watching the trains go by and wondering where they were going. At that time the Bregenz railway station was like an international airport for me.

You liked going away I suppose?
Hans-Peter Metzler: Absolutely! I don't suffer from homesickness, only wanderlust. Even today I still have the urge to travel. That's why I love the Internet: I use Google to browse through foreign countries, islands and mountains. Going away is a basic need for me. Everybody should be obliged to go away for a year. Going away helps you see things more clearly and discover yourself.

There is also a clear view from the mountains – are they important for you?
Hans-Peter Metzler: They are as important as the air. I can feel them when they are gone, and when they are here I can't feel them. But please – not like the mountains around Innsbruck! As someone from Lochau and Bregenz, I need an unobstructed view on one end, possibly as far as the horizon. On Lake Constance you can sense and actually see how the earth curves.

Why did you return from Asia?
Hans-Peter Metzler: I don't really have an answer to that. It wasn't simply an idea; it was somehow

a chain of circumstances. My friend and I had originally planned to set up this company, the one we're sitting in right now, in the USA. Then my friend opted out for private reasons, and at the same time a delegation from Vorarlberg came to Singapore. That's when the idea of starting up the company here was born. I immediately said no, but quick decisions often make you feel uncertain. And that's how it still came about.

How do see Vorarlberg?
Hans-Peter Metzler: As basically traditional. But Vorarlberg is more open and progressive than you might expect. I have colleagues from 17 (!) nations, and they feel good here. This is one of the very rare places in Austria where there is a harmony between nature and urban structures. The Rhine Valley is like a city, a huge village that has coalesced. Almost like L.A., where there are farms and right beside them the headquarters of companies worth billions. We also have some world market leaders here, and next door you find cows grazing in a nature reserve.

Other people from Vorarlberg talk about a lack of identity. They prefer to stay in Vienna or Munich.
Hans-Peter Metzler: We survive more easily in a world if we are prepared to give up outdated identities once they have become a nuisance or an obstacle. People who regard Austria as an island are a mystery to me. I don't really understand regional identities either. Thanks to our economic strength, we have managed to assimilate foreigners. In large cities they often have massive problems with this. We have stayed open and flexible through immigration.

Mr. Metzler, what has changed over the years?
Hans-Peter Metzler: When I was young, a lot of people from Vorarlberg used to work in the countries bordering on Vorarlberg. Nowadays, people from Germany and Switzerland cross the borders to work here! What has changed? I used to read the menu from right to left; now I read it from left to right.

And the moon still revolves around the earth.
Hans-Peter Metzler: When I was a student, my colleagues and I wanted to blow up parts of the moon, so that it would leave its orbit. That way man could leave at least a little trace behind in this gigantic universe. Today I enjoy co-operating with other people and trying to convince them of new ideas.

If I may, I would like to ask you a personal question. What does our future look like?
Hans-Peter Metzler: As human beings inhabiting a small part of the universe, we are heading in an interesting direction. That's fun, but at the same time it makes you humble. As we know, our imagination influences our knowledge and vice versa.

Let's stay on the ground for a moment. Do you have a hobby that is particularly connected to Vorarlberg?
Hans-Peter Metzler: Yes. I am the president of the Bregenz Festival. Out of love for the right half of my brain. But also because commerce has to sponsor art as an important element of life.

Is there a difference between a holiday and a working day?
Hans-Peter Metzler: Not really.

Would you mind telling me your favourite spot?
Hans-Peter Metzler: Yes, it's Schoenebach in the Bregenz Forest.

Let's finish with my last three questions: How often have you been hiking, swimming in Lake Constance and skiing in the last 365 days?
Hans-Peter Metzler: Swimming in Lake Constance about 20 times. Hiking ten times. Skiing for two weeks.

Mr. Metzler, thank you very much for the interview.

Lädele, Götzis | Schindelerzeuger Berlinger, Au | Ruth Schneider Knüpfen, Egg | Doppelmayer, Wolfurt | Holzschuherzeugung Devich, Bezau

VKW, Bregenz | FM Hämmerle, Dornbirn | ALPLA, Hard | Orgelbau Riegler, Schwarzach

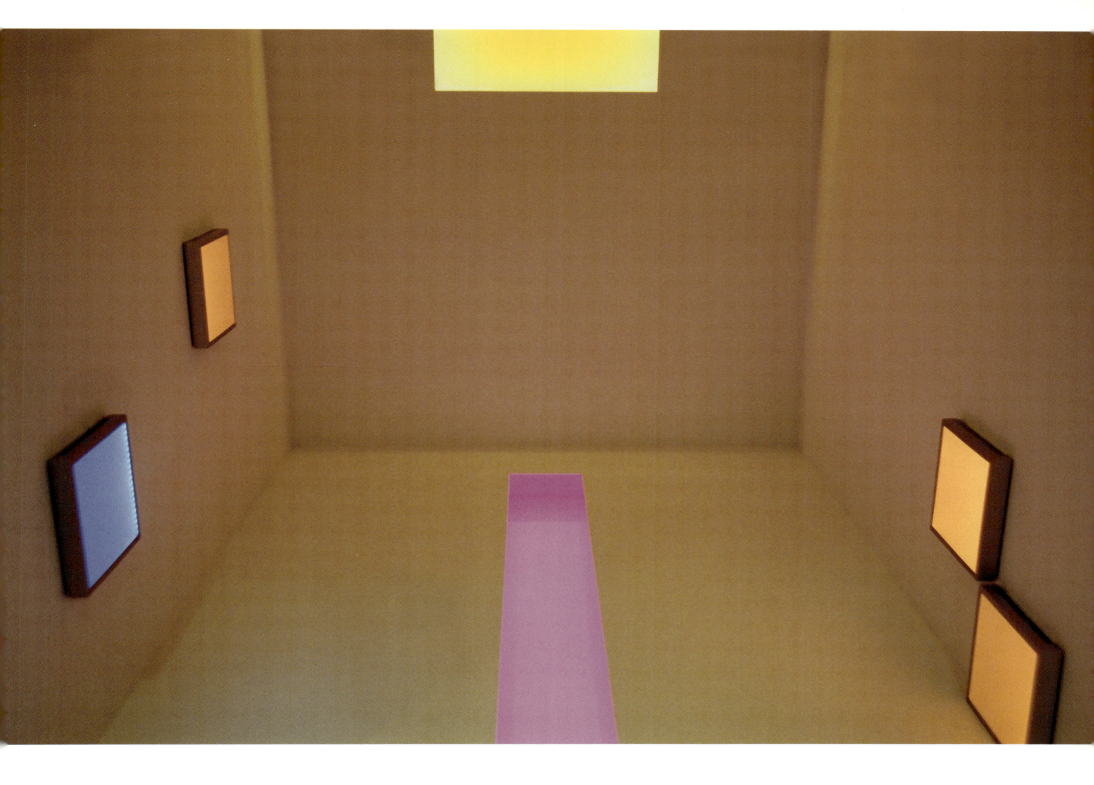

Blum, Höchst | Zumtobel Lighting Dornbirn

VEG, Dornbirn | New Logic, Lustenau | Enjo, Hohenems | Wälderhaus, Bezau

Hämmerle & Vogel Stickerei, Lustenau (Neujahrskonzert der Wiener Philharmoniker 2007, Foto: ORF, Ali Schafler) | Wolford, Bregenz

Pfanner, Lauterach | ÖLZ Bäckerei, Dornbirn | Head, Kennelbach | Martin, Braz

Die Bilder meines Vaters.

Confèrence mit einem unbekannten Freund.

Guten Tag Herr Wanko. Fein, dass Sie sich Zeit genommen haben. Ich habe eine Frage an Sie?
Und die wäre?

Was fällt Ihnen zu den Bildern Ihres Vaters ein?
Hm, das ist schwierig. Wenn der Vater über den Sohne, das geht ja noch, da kann der Vater die Rückblende einschalten. Wenn der Sohne über den Vater, das hat was von einem Rückwärtsschritt, also wie wenn man verkehrt rum einen Berg besteigt, den man also schon immer durch den Rückspiegel betrachtete, als gegeben ansah, der nie wirklich näher kam, einfach immer schon da war. Wie ein Hausberg.

Dann schauen Sie einmal genau durch Ihren Rückspiegel! Schließen jetzt bitte Ihre Augen. Was erkennen Sie?
So, jetzt hellt sich das Bild langsam auf, und ich höre ziemlich gewaltige Motorengeräusche.

Wir befinden uns also am Flughafen.
Nein, nein, mein Herr. Wir befinden uns auf der Autorennbahn. Die ersten Erinnerungen an die Bilder meines Vaters stammen vom Zeltwegring. Das muss so etwa 1974 gewesen sein. Er kam mit sehr vielen Bildern zurück, es war mitten in der Nacht, ich glaube, er hat sie bei einem Freund entwickelt, Peter Philipp vielleicht. Den Philipp kenne ich auch noch von damals, einer der wenigen, die man stilsicher in den Zeitungen wiedererkennt, und zwar im positiven Sinne. Noch heute, wenn ich vor den Photos stehe, weiß ich, dass ich sie damals schon bewundert habe. Diese Augen, die da durch die brandsicheren Asbestkapuzen lugten.

Sie schreiben Photo auch mit Ph?
Die klassische Form, in einer Zeit wo Photos eben noch Photos waren. Und aus der Zeit kommt auch mein Vater.

Welche Eigenschaft fällt Ihnen zu ihrem Vater als erstes ein?
Besessenheit. Ich glaube, dass dies, neben Talent, der einzige Unterschied zum Nichtkünstler ist. Das Fach ausüben kann man bald einmal, daraus eine Obsession zu machen, schafft nur der Künstler. Das ist der Unterschied zwischen Urlaubs- und professioneller Landschaftsphotographie.

Wie erkennt man die Besessenheit?
Indem man Dinge tut, die andere besser lassen würden. Wissen Sie, ich kann mich an einen Spaziergang erinnern, da war ich noch ein kleiner Junge. Da spazierten mein Vater und ich mit unserem Rauhaardackel durch einen Wald, und dieser Spaziergang artete in eine Wanderung aus. Auf einem der hinteren Hügel stand ein alleiniger Baum. Als wir zurückkamen, war es schon dunkel, nicht einmal Ortskenntnisse hatten wir. Aber dann hat man das Photo! Das hat etwas mit schaffen zu tun.

Mit Erschaffen vielleicht auch?
Richtig. Mein Vater erschafft sich eine eigene Welt. Eine, in der er flieht, oft nur ungern zurück will. Das haben Photographen so an sich. Die eigentliche Welt findet erst vor der Linse statt. Das Abdrücken

im richtigen Moment, das ist dann der höchstmögliche Genuss. Knapp gefolgt von der Beuteauswahl. Der schlimmste Moment ist, wenn einem die Linsen etwas vorgaukeln. Das ist dann das Scheitern.

Aber wir wollten uns ja über die Bilder Ihres Vaters unterhalten, nicht?
Ja, ja, das machen wir ja gerade. Die Bilder meines Vaters sind mein Vater! Wenn ich über ihn nachdenke, schreibe, rede ich auch über seine Bilder. Die haben viel mit dem Ausfüllen jeder freien Minute zu tun. Andere Menschen verreisen, mein Vater jettet. Nach dem Urlaub ist er geschaffter als zuvor.

Was das mit den Bildern zu tun hat?
Wissen Sie, mein Vater will immer fort von dem Ort, an dem er sich gerade befindet. Wäre er heute in New York City, würde er morgen doch wieder in Paris sein wollen, manchmal auch in Bregenz. Aber ich hab' hier meine eigene Idee: Wie er ein kleiner Junge war, da lebte er in Leoben, in der Steiermark. In der Nähe sind die Stahlwerke. Wenn man da im Winter in den weißen Himmel schaute, schneite es rötlich. Das Eisen ließ grüßen, ich glaube, da kann man nur den einen Wunsch gebären: Raus!

Und wohin?
Das erkennen Sie an den Photos sehr gut. Noch nie photographierte mein Vater genauer, sensibler. Früher wollte er in die große weite Welt. Heute redet er manchmal noch davon. Ich glaube, er bekommt trotz aller Hektik eine immer größer werdende innere Ruhe. Sich auch einmal den kargen Baum bei Wolken anzuschauen, ich glaube, in solchen Momenten kommt er schon zu sich.

Haben Sie Ihren Vater mit oder ohne Kamera lieber?
Mein Herr, jetzt geht das aber bald in das Private!

Das ist es aber, was Sie von Ihren Interviewpartnern immer verlangt haben.
Um es einmal so auszudrücken. Jedem Künstler muss man von Zeit zu Zeit sein Werkzeug wegnehmen, sonst kann er sich nicht erneuern. Im letzten Jahr habe ich meinen Vater nur einmal wirklich entspannt und glücklich gesehen. Als er mit meiner Tochter zu Ostern die Möwen fütterte und keine Kamera dabei hatte. Er lachte und war glücklich. Das Gesicht voller Falten, die letzen grauen Haare wehten im Wind, und er hatte diese Seemannsmütze auf, da hatte er was von einem Hans Albers. Er sah dabei immer wie ein weltstädtischer, gealterter, ich weiß nicht wie ich sagen soll - einfach gut und erfahren aus. Ein gealterter Kosmopolit vielleicht. So wie ein Mensch ausschaut, der eigentlich das erreicht hat, was er erreichen wollte – und konnte.

Nun kommen Sie emotionell doch noch auf Touren! Haben Sie vielleicht ein Bild im Kopf?
Klar. Ich habe das Bild mit Klaus Kinski im Werner Herzog Film Fitzcarraldo im Kopf. Wie Kinski an seinem Traum ziemlich kolossal vorbeischrammte, aber es doch irgendwie mit seiner Oper im Urwald schaffte. Das Bild zuletzt, wie er auf dem Boot fährt, mit dem Grammophon und einigen Musikern, oder? Ich glaube das war so. Das hat was mit meinem Vater zu tun. In Kinskis Gesicht steht wie in dem von meinem Vater: Ich hab's geschafft!

Rührt Sie das?
Ja, doch, das berührt mich, rührt mich.

Warum?
Ich glaube, diese Zeilen machen ihn glücklich. Es ist schwer, meinen Vater glücklich zu stellen – außer man ist Sportler.

Herr Martin G. Wanko, ich bedanke mich für dieses Gespräch.

My father's pictures

Conference with an unknown friend

Good day, Mr. Wanko. So good of you to spare a moment. I have a question for you.
And what would that be?
What comes to mind when you think of your father's pictures?
Hm, that's tricky. When the father talks about the son – that's okay, because the father can turn back the clock. When the son talks about the father – that's like a step backwards, as if you wanted to climb a mountain walking backwards. You have always looked at the mountain in your rear view mirror and taken it for granted. It would never come any closer; it has always simply been there. Like the mountain you see from your front door.
Well, then take a close look in your rear view mirror. Please close your eyes now. What do you see?
Ah, the picture is becoming clearer now, and I can hear engines roaring.
So we are at an airport.
No, no, sir. We are on a motor-racing circuit. My first memories of my father's pictures date back to the races on the Zeltweg circuit. That must have been sometime around 1974. He came back with lots of pictures, in the middle of the night; I think he developed them at a friend's, possibly Peter Philipp. I know Philipp from that time; he's one of the few whose style you definitely recognise in the newspapers – in a positive way, that is. Even today, when I stand in front of those pictures, I know that I used to admire them then. Those eyes gazing through those fire-proof asbestos hoods.
Do you spell photo with a "ph"?
The classic way, from a time when photos were still photos. And my father also goes back to that era.
Which characteristic feature comes to your mind first when you think of your father?
Obsession. I think that– apart from talent – that is the only difference between the artist and the non-artist. It's no big deal to do your job, but only the real artist manages to turn a job into an obsession. That's the difference between pictures taken during your holidays and professional landscape photography.
How do you recognise obsession?
By doing things others would rather leave alone. You know, I can remember going for a walk when I was still a small boy. My father and I went for a walk in the woods with our wire-haired dachshund, and the walk turned into a major hike. On one of the distant hills there was a tree standing alone. It was already dark on our way home; when we got back, we weren't even sure where we'd been. But he had taken a great shot! That has got something to do with achievement.
Perhaps also with creativity?
That's right. My father creates his own world. A world that is his refuge, from which he occasionally doesn't like to return. That's typical of photographers. The real world takes place in front of the lens. Pressing the button at the right moment – that is total bliss. Followed closely by going th-

rough the photos. The worst moment is when the lenses have misled you. That's failure.

But we want to talk about your father's pictures, don't we?
Yes, yes, that's what we are doing. My father's pictures are my father! When I think or write about him, then I also talk about his pictures. They have got a lot to do with filling every single minute. Other people travel; my father jets. After his holidays he is usually more exhausted than before.

And what has that got to do with the pictures?
Well, you know, my father constantly wants to get away from wherever he is at the moment. If he were in New York City today, he would want to be in Paris tomorrow, sometimes also in Bregenz. But I've got my own theory: when he was a little boy, he lived in Leoben in Styria. The steelworks are close by. When you look up at the white sky in winter, you can see red snow – a message from the iron. I believe you can only have one wish: to get out of there!

And where to?
The pictures tell you that very well. My father has never taken more detailed or sensitive pictures. He used to want to experience the wide world. Even today he still sometimes talks about that. I think that despite all the stress, his sense of inner peace is growing. Looking at a barren tree against the clouds – I think that he is really himself in those moments.

Do you prefer your father with or without camera?
Well, sir, that is getting a bit personal now!

But that's exactly what you have always expected from your interview partners.
Well, let's put it this way: every artist needs to be separated from his tools from time to time, or else he can't renew himself. Last year there was only one moment when I saw my father totally relaxed and happy: when he was feeding the seagulls with my daughter at Easter and did not have his camera with him. He was laughing and happy. His face full of wrinkles, his last few grey hair blowing in the wind, and wearing his old seaman's cap – he was almost like Hans Albers. At that moment he looked metropolitan, aged – I don't know how to describe him – he simply looked good and experienced. An aged cosmopolitan maybe. The way a person looks when he has achieved what he has always wanted and was able to achieve.

Now you seem to be getting emotionally involved after all! Have you perhaps got a picture in your head?
Of course. I can see this picture with Klaus Kinski in the movie Fitzcarraldo by Werner Herzog. The way Kinski fell spectacularly short of realising his dream, but still somehow managed to create an opera house in the jungle. The final shot – isn't that where he is on the boat with the gramophone and a few musicians? I think that's what it was. That has something to do with my father. You can read the same thing in Kinski's and in my father's face: I did it!

Does this move you?
Oh yes, that moves me, touches me.

Why?
I think these lines will make him happy. It's hard to make my father happy – unless you're an athlete.

Martin G. Wanko, thank you for this interview.

Vielen Dank!

Dietmar und Martin G. Wanko bedanken sich sehr herzlich bei allen Freunden und besonders bei allen Vorarlbergern und Vorarlbergerinnen, die mit ihrem Zutun dazu beigetragen haben, diesen Bildband aus der Taufe zu heben.

Im Speziellen gilt unser Dank den Bürgermeistern aller Talschaften und Städten, sowie Herrn Heinrich Sandrell Silvretta Nova, Schilifte Lech und Herrn Tech. Rat. Dipl. Ing. Michael Manhart, Tourismus Silbertal, Tourismus Schruns - Tschagguns und dem Bürgermeister Dr. Erwin Bahl sowie Frau Andrea Wachter. Weiters danken wir für ihren langjährigen Einsatz, den Bürgermeistern aus Hard, und Höchst, Herrn Hugo Rogginer sowie Herrn Ing. Werner Schneider. Viele Gemeinden und Institutionen stellen Dietmar Wanko für die Buchpräsentationen ihre Infrastrukturen kostenlos zur Verfügung. Danke!

Ein herzliches Dankeschön gilt auch dem Grafiker Roland Stecher, der dieses Buch gestaltete, Mag. Karlheinz Rathgeb-Weber, der für die Übersetzung ins Englische verantwortlich ist, sowie Erika Wanko, die gute Seele im Hause Wanko, die in aller Bescheidenheit den Verlag leitet.

Viel Freude hatten wir auch mit unseren Interview Partnern, die diesen Bildband in außerordentlicher Weise bereichern. Ihnen allen wünschen wir viel Glück für die Zukunft.

Die flächendeckende Verbreitung des Bildbandes wäre auch nicht ohne den lokalen, regionalen und überregionalen Medienpartnern möglich. Auch hier ein außerordentliches Dankeschön.

Weiterer Dank gilt der Vorarlberger Landesregierung und der Vorarlberger Wirtschaft, die diesem Bildband sehr positiv gegenüberstehen.

Vielen herzlichen Dank,
Dietmar und Martin G. Wanko

© 2004
Buchverlag Wanko & Partner KEG
A-6911 Lochau, Bahnhofstraße 10
Tel/Fax 0043-5574-47663
Fotografien: Dietmar Wanko
Redaktion: Martin G. Wanko, Graz, www.m-wanko.at
Englische Übersetzung:
Mag. Karlheinz Rathgeb-Weber, Innsbruck
Grafische Gestaltung:
Roland Stecher, Thomas Matt
Stecher id, Götzis, www.stecher.at
Scans: Martin Fitz, Lustenau
Druck: Bucher, Druck Verlag Netzwerk, Hohenems
Foto Seite 316: ORF, Ali Schafler
ISBN 3-9501309-0-X

Alle Rechte vorbehalten
Kein Teil des Werkes darf in irgendeiner Form
(durch Fotografie, Mikrofilm oder ein anderes Verfahren)
ohne schriftliche Genehmigung des Verlages
reproduziert oder unter Verwendung elektronischer Systeme
verarbeitet, vervielfältigt oder verbreitet werden.